Bedingungen und Prinzipien
revolutionärer Gewerkschaftspolitik
Hrsg. von linken Gewerkschaftern in der IG CHEMIE

Internationale Marxistische Diskussion
Arbeitspapiere No. 14
Merve Verlag Berlin

© 1974 by Merve Verlag GmbH, Berlin 15, Postfach 327.
Printed in Germany 1974. Druck Dressler, Berlin.
Bindearbeiten H. Stein, Berlin.
Umschlagentwurf "Betrieb" Köln.
ISBN 3-920986-63-6

INHALT

VORWORT

Der vorliegende Band umfaßt einzelne Aufsätze über gegenwärtige und allgemeine Bedingungen gewerkschaftlicher Kämpfe sowie über Prinzipien und Ziele einer revolutionären Gewerkschaftsstrategie. Sie dienten einem inoffiziellen Kreis linker Gewerkschafter bei Schering in Westberlin als Diskussionsgrundlage in einer politischen Auseinandersetzung mit Mitgliedern und Sympathisanten der maoistischen Gruppen KPD und KPD/ML. Die zentrale Frage der Auseinandersetzung über die von diesen Gruppen vertretene Strategie der "revolutionären Gewerkschaftsopposition" (RGO-Strategie) war: wie muß revolutionäre Gewerkschaftspolitik aussehen und wie darf sie es nicht? Zweck dieser Diskussion war die Klärung des gemeinsamen Nenners für eine verbindlichere Zusammenarbeit der unterschiedlichen politischen Tendenzen, die in der Schering-Gruppe vertreten waren.

Die Diskussion wurde von uns, den Herausgebern dieses Bandes, angeregt. Wir arbeiteten in dem Kreis von linken Gewerkschaftern mit, der außer uns und den Anhängern von KPD und KPD/ML noch aktive Kollegen umfaßte, die zu keiner der bestehenden Fraktionen innerhalb der Linken tendierten. Was unsere politische Zugehörigkeit betrifft, so orientieren sich drei Genossen am Sozialistischen Büro (SB), der vierte ist Mitglied der Sozialistischen Arbeiter-Gruppe (SAG).

Entstehung und Aufgaben der Schering-Gruppe

Der inoffizielle Kreis der linken Gewerkschafter bei Schering kam zusammen, als die Schwäche der Linken im gewerkschaftlichen Vertrauensleutekörper offenbar wurde. Die linken Vertrauensleute hatten keinen ausreichenden Rückhalt bei den Kollegen im Betrieb. Deshalb war es ihnen nicht möglich, gegen den Einfluß des sozialpartnerschaftlichen Betriebsrates und Verwaltungsstellenvorstandes eine demokratische innergewerkschaftliche Willensbildung und konsequente Interessenspolitik durchzusetzen.

Das wurde besonders deutlich bei der Aufstellung der gewerkschaftlichen Kandidatenliste für die Betriebsratswahl 1972. Sie endete für die innergewerkschaftliche Opposition mit einer Niederlage. Keiner ihrer Vertreter im Vertrauensleutekörper bekam einen Platz auf der Kandidatenliste der IG Chemie. Durch Manipulation brachten die rechten Betriebsräte in der entscheidenden Vertrauensleuteversammlung eine schon zuvor von ihnen aufgestellte Kandidatenliste zur Annahme. Und das, obwohl die Linke rein zahlenmäßig auf dieser Versammlung eine starke Minderheit darstellte. Die Empörung über die Manipulation war bei vielen Kollegen groß. Sie reichte jedoch nicht aus, um den Verwaltungsstellenvorstand

5

zu zwingen, eine neue Liste demokratisch wählen zu lassen. Auch war es beim derzeitigen Kräfteverhältnis nicht ratsam, eine Gegenliste aufzustellen. Damit wäre der Gewerkschaftsbürokratie nur eine günstige Gelegenheit geboten worden, die schwache Opposition aus der Gewerkschaft auszuschließen.

Dem Kräfteverhältnis entsprechend konnte der Sinn der sich konstituierenden Schering-Gruppe nur darin liegen, als ein möglichst breites Aktionsbündnis der linken Opposition unabhängig von den offiziellen gewerkschaftlichen Gremien zu einzelnen Fragen in Betrieb und Gewerkschaft Stellung zu beziehen, um sich so als innergewerkschaftliche Fraktion einen aktiven Rückhalt zu verschaffen. Nur in einer inoffiziellen Betriebsgruppe war und ist es den linken Gewerkschaftern bei Schering möglich, systematisch ihr Auftreten auf Betriebs- und Vertrauensleuteversammlungen sowie die Herausgabe von Flugblättern und Zeitungen zu organisieren, um ihre alternative Gewerkschaftspolitik darstellen zu können.

Eine eigenständige Flugblatt- und Zeitungsagitation war zudem auch deshalb notwendig, weil die Propaganda der Betriebszelle der Gruppe KPD für den Aufbau einer "revolutionären Gewerkschaftsopposition" keine Basis für eine Zusammenarbeit von revolutionären Linken mit militanten Gewerkschaftern, die sich noch nicht als Revolutionäre verstehen, schaffen kann. Ziel der RGO - Strategie ist es, Voraussetzungen für den Aufbau selbständiger gewerkschaftlicher Massenverbände unter kommunistischer Führung zu schaffen. Für revolutionäre Sozialisten kommt es aber gerade darauf an, mit den noch reformerisch eingestellten Arbeitern in ihrem Kampf eine Einheitsfront zu bilden. Nur so kann es gelingen, diesen Arbeitern in ihrem Kampf um Reformen immer wieder zu zeigen, daß die sozialdemokratische Partei- und Gewerkschaftsführung ständig versucht, ihren Kampf zu blockieren, und daß die Hoffnung auf immerwährende Reformen im Kapitalismus illusionär ist.

Trennung von der KPD-Fraktion

Das Problem der Schering-Gruppe anfangs war, daß Mitglieder und Sympathisanten der KPD-Betriebszelle ebenfalls in ihr vertreten waren. Problematisch war das nicht nur deshalb, weil die Anhänger der maoistischen KPD propagandistisch das RGO-Konzept ihrer Gruppe vertraten. Vielmehr wurde die Möglichkeit der in der Schering-Gruppe organisierten innergewerkschaftlichen Opposition, auch mit Hilfe einer eigenen Propaganda auf die politische Entwicklung im Betrieb Einfluß zu nehmen, durch das praktische Verhalten der KPD-Fraktion diesem Bündnis gegenüber unmittelbar untergraben.

So kam die KPD-Zelle der von der Schering-Gruppe geplanten Flugblattagitation zu bestimmten betrieblichen und gewerkschaftlichen Problemen stets mit ihrer Agitation zu den gleichen Fragen schnell zuvor. Soweit damit bereits die wichtigsten Informationen und Forderungen zu bestimmten aktuellen Problemen propagiert waren, erübrigte es sich für die Betriebsgruppe, zu den gleichen Fragen auch noch einmal Stellung zu beziehen, was die KPD-Fraktion forderte. Die KPD bemühte sich also nicht, mit Vorschlägen zu einer selbständigen Propaganda das Auftreten der Betriebsgruppe zu unterstützen, um so bei der Organisierung einer breiten innergewerkschaftlichen Opposition mitzuhelfen, innerhalb der sie bei einem politisch qualifizierten Auftreten als Fraktion selbst hätte wachsen können. Im Gegenteil. Sie versuchte stattdessen, die Betriebsgruppe zu einem Anhängsel ihrer Betriebszelle zu machen, das in seiner Propaganda nur möglichst das noch einmal wiederholen sollte, was die "Partei" bereits veröffentlicht hatte.

Das Verhalten der KPD-Fraktion machte eine politische Auseinandersetzung mit ihr unausweichlich. Es war notwendig, den Charakter der Betriebsgruppe sowie den gemeinsamen Nenner der in ihr vertretenen unterschiedlichen politischen Richtungen und der sich daraus ergebenden Verbindlichkeiten zu klären. Die in diesen Fragen auftretenden Differenzen waren zugleich gekoppelt an unterschiedliche Positionen zur Gewerkschaftsstrategie. Aus diesem Grunde war im Zusammenhang mit der Diskussion über den Charakter der Schering-Gruppe zugleich auch eine Auseinandersetzung über die RGO-Strategie sowie über die Einschätzung des gegenwärtigen Standes der Klassenkämpfe unerläßlich. Um diese Auseinandersetzung vorzubereiten, wurden von uns die in diesem Band enthaltenen Aufsätze im Winter 72/73 zusammengestellt. In diesen Aufsätzen wird sowohl auf die Entwicklung des gegenwärtigen politischen Kräfteverhältnisses (in Westdeutschland im allgemeinen; in der Chemieindustrie und bei Schering im besonderen) und auf die daraus resultierenden nächsten Aufgaben der revolutionären Linken eingegangen, wie auch auf die historischen Erfahrungen und Fehler der RGO-Politik der KPD in der Weimarer Republik von 1928-33 und auf ihre derzeitige Neuauflage durch die maoistische Gruppe KPD.

Da die Gruppe KPD auch nach der Auseinandersetzung über die oben genannten Fragen und Positionen nicht bereit war, das eigenständige propagandistische Auftreten der Schering-Gruppe voll zu unterstützen, mußte die Betriebsgruppe sich von dieser Fraktion trennen. Zu dieser Trennung hätte es kurz darauf in der Tarifrunde 73 ohnehin auch aufgrund inhaltlicher Fragen zur Propaganda kommen müssen. Mit ihrer Propaganda zur letzten Chemietarifrunde vor Schering lieferte die KPD erneut einen Beweis dafür, wie wenig sie in der Lage ist, die derzeitigen Bedingungen der Klassenauseinandersetzungen real einzuschätzen.

Vor Beginn der Tarifrunde gelang es linken Vertrauensleuten bei Schering (bei einem für sie günstigen Stimmenverhältnis) eine hohe lineare Forderung als Forderung des Vertrauensleutekörpers durchzusetzen. 50 DM

Vorweganhebung plus 150 DM wurden gefordert. Das Stimmenverhältnis im Vertrauensleutekörper entsprach jedoch nicht dem realen Kräfteverhältnis und der Kampfbereitschaft im Betrieb. So fand die 200 DM-Forderung keine hinreichende Unterstützung durch die Arbeiter und Angestellten bei Schering. Das kam z.B. durch eine Unterschriftensammlung für diese Forderung zum Ausdruck; sie ergab bei über 5 000 Beschäftigten ca. 150 Unterschriften. Auch wurde diese Forderung nicht von den Vertrauensleuten der anderen Chemiebetriebe in Berlin aufgegriffen. Damit war es der Bezirksleitung der IG Chemie leicht, in der Tarifkommission 12% als offizielle Forderung durchzusetzen. Die KPD, nicht zimperlich wenn es um die Organisierung von Streikkämpfen ohne und gegen die Gewerkschaftsführung geht, propagierte weiterhin die 200 DM-Forderung, was angesichts des Kräfteverhältnisses zur Farce werden mußte.

Aktualität der RGO-Auseinandersetzung

Trotz der Trennung der Schering-Gruppe von der KPD-Fraktion hat die Auseinandersetzung mit der RGO-Strategie nach wie vor eine aktuelle Bedeutung. Die Notwendigkeit sich mit der RGO auseinanderzusetzen, ergibt sich dabei nicht allein daraus, daß die maoistische KPD vor Schering mit ihrer Propaganda auftritt. Vielmehr ist das mittlerweile aus zwei anderen Gründen unumgänglich, und zwar für die gesamte revolutionäre Linke in Westdeutschland.

Einmal, weil die sozialdemokratische Gewerkschaftsführung versucht, die Gefahr der Spaltung durch die RGO an die Wand zu malen, um damit die sich in letzter Zeit häufenden Gewerkschaftsausschlüsse und andere Disziplinarmaßnahmen zu rechtfertigen. Die Disziplinarmaßnahmen richten sich jedoch weniger gegen die Anhänger der RGO. Deren Einfluß innerhalb der Gewerkschaften ist gleich Null. Die Gewerkschaftsführung schießt nicht mit Kanonen auf Spatzen. Vielmehr richtet sich der RGO-Popanz gegen das Entstehen einer breiten innergewerkschaftlichen Opposition. Die zur Zeit noch schwache Opposition gegen die bisherige Tarifpolitik der Gewerkschaften soll durch die Ausschlüsse eingeschüchtert werden, um so die Forderungen nach aktiver Lohnpolitik und Demokratisierung der Tarifpolitik abzuwürgen.

Zum anderen ist es erforderlich, sich mit der RGO auseinanderzusetzen, weil sich deren Strategen bemühen, die "Notwendigkeit" ihrer Politik gerade auch mit den jüngsten Gewerkschaftsausschlüssen zu beweisen. Dem gilt es entgegenzutreten. Die Erfahrungen mit der RGO-Strategie von 1928-33 haben gezeigt, daß diese Politik zur völligen Selbstisolierung der Kommunisten führen muß. Eine Neuauflage dieser Strategie würde deshalb nur bedeuten, daß die schwache revolutionäre Linke sich selbst die Möglichkeit zerstört, innerhalb der sich neu aktivierenden Gewerkschaftsbasis Einfluß zu gewinnen.

8

Abschließende Bemerkungen

Die in diesem Band enthaltenen Aufsätze sind vor ihrer Herausgabe noch einmal überarbeitet worden. Sie wurden etwas umgestellt, zum Teil präzisiert und aktualisiert. Bis auf den Aufsatz "Zur Situation bei Schering" wurden die ursprünglichen Fassungen dabei nicht wesentlich gekürzt oder erweitert. Inhaltliche Änderungen wurden keine vorgenommen.

Der Artikel "Zur Situation in der chemischen Industrie" ist eine Zusammenfassung von Aufsätzen, die von einem Genossen in Zusammenarbeit mit linken Gewerkschaftern der hessischen Chemieindustrie geschrieben wurden. Zum Teil enthalten diese Aufsätze aktuelle Stellungnahmen zu vergangenen Geschehnissen, die sich nicht in jedem Punkt als stichhaltig erwiesen haben. Der gleiche Genosse ist auch der Verfasser des in diesem Band als Anhang erscheinenden Artikels "Zur Einheitsfrontpolitik der KPD in der Phase 1928-33", der Teil eines internen Aufsatzes der SAG zur RGO-Politik der KPD war. Der Autor der übrigen Artikel ist ein Genosse unseres Herausgeberkreises. Ihm dienten einige interne Aufsätze der SAG zur Gewerkschaftsfrage als Grundlage. Die wesentlichen Punkte der Artikel "Zur Situation bei Schering", "Die Gewerkschaftsfrage und die gegenwärtigen Aufgaben der revolutionären Linken" und "Gegen eine Neuauflage des RGO-Kurses" wurden vor ihrer endgültigen inhaltlichen Fassung in unserem Kreis mit dem Autor diskutiert.

Da im Mittelpunkt der Auseinandersetzung mit der KPD-Fraktion die Frage nach den Bedingungen und Prinzipien revolutionärer Gewerkschaftspolitik stand, wurde in dem Artikel über "Die Gewerkschaftsfrage und die gegenwärtigen Aufgaben der revolutionären Linken" auf die Notwendigkeit und die Bedingungen eines Parteiaufbaus nur thesenhaft eingegangen. Auf die in diesem Zusammenhang auftretende Frage nach der Organisationsform der neu aufzubauenden Partei wurde nicht eingegangen. Einmal gab es in unserem Kreis unterschiedliche Positionen zur Bedeutung des "demokratischen Zentralismus" für das Verhältnis von Partei und Klasse (Gefahr des Substitutionalismus?). Zum anderen schien ein Ausklammern dieser Frage für die aktuelle Auseinandersetzung mit der maoistischen Gruppe KPD über ihre Gewerkschaftsstrategie möglich.

Nach Diskussionen mit Vertretern der Prokla-Redaktion im Herbst 73 über die in diesem Band wiedergegebenen Artikel waren die sich am SB orientierenden Genossen unseres Herausgeberkreises sich nicht mehr sicher, ob z.B. die Begriffe wie "revolutionäre Linke" und "Gewerkschaftsbürokratie" nicht viel zu undifferenziert in den einzelnen Aufsätzen angewandt werden. Ferner kamen Zweifel auf, ob denn die Notwendigkeit und die Bedingungen des Parteiaufbaus sowie das Verhältnis von gewerkschaftlichem bzw. ökonomischem und politischem Kampf richtig dargestellt sind.* Trotz-

---
*
Diese Einwände sind unseres Erachtens begründet. Andererseits

9

dem besteht nach wie vor Einigkeit darüber, daß diese Aufsätze eine geeignete Diskussionsgrundlage darstellen, für eine Auseinandersetzung mit der RGO-Strategie einerseits wie für eine Einschätzung der gegenwärtigen Bedingungen revolutionärer Gewerkschaftspolitik andererseits.

Westberlin, Januar 1974   Die Herausgeber

---

scheint uns die von diesem Ansatz her bestimmte und in den folgenden Aufsätzen beschriebene Praxis eine solidarische Diskussion und Kritik möglich zu machen. (Merve Kollektiv)

ARBEITERVERTRETER IN DEN BETRIEBSRAT!

Dokumentation der Auseinandersetzung um eine außerordentliche Betriebsratswahl 1973 bei KRONE / Westberlin   DM 3.20

DEN STOPPERN STOPERINA

KRONE

Internationale Marxistische Diskussion

Arbeitspapiere   No. 13

Merve Verlag

10

I. ZUR SITUATION IN DER CHEMISCHEN INDUSTRIE

1. Lohnpolitik unter der großen Koalition

Wie alle anderen Gewerkschaften beteiligte sich die IG Chemie (IGC) unter der großen Koalition an der neugebildeten Konzertierten Aktion (KA). Bestand der Zweck der KA darin, über den Einfluß der SPD auf die Gewerkschaftsspitzen einen staatlich dirigierten Lohnverzicht durchzusetzen, um die Profite zu restabilisieren, so bestand die Rolle der IGC darin, richtungsweisend für die anderen Gewerkschaften zu sein. Es war für das Kapital bedeutsam, daß sich die Gewerkschaft der staatlichen Lohnplanung unterwarf, deren Industriebereich von der Krise kaum betroffen war. Hätte die IGC das objektiv günstige Kräfteverhältnis in dieser Industrie (keine Arbeitslosigkeit) zu besseren Lohnabschlüssen genutzt, wäre das Funktionieren der KA infrage gestellt worden, da eine Ausdehnung der Forderungen auf andere Bereiche nicht auszuschließen gewesen wäre. Aus diesem Grund war die Vorreiterrolle der IGC mit einem effektiven 3%-Abschluß Anfang 1967 von besonderer Bedeutung. 1968 folgten 5,2% wiederum auf 15 Monate und 1969 7,5%. Auf der anderen Seite brauchte die IGC gerade auf Grund der "Spurlosigkeit" der Krise in der Chemieindustrie und der vergleichsweise günstigen Lage der Chemiearbeiter mit keinerlei Widerstand der Arbeiter bei ihrer Unterwerfung unter die KA zu rechnen.
Die Septemberstreiks 1969 sind ohne die vorangegangene Krise von 1966/67 nicht zu verstehen. Die spontane Reaktion der Arbeiter auf die wachsenden Profite und die Tatenlosigkeit der Gewerkschaften fand gerade in den Bereichen ihren Ausdruck, in denen die Arbeiter die Krise zu spüren bekommen hatten und über eine begrenzte Kampftradition verfügten. Deshalb geschah in der chemischen Industrie im Herbst 1969 so gut wie nichts. Die aufkeimende unorganisierte Unruhe in einigen Betrieben wurde durch geringe betriebliche Lohnzugeständnisse und eine gewerkschaftliche 3,5%-Erhöhung innerhalb des laufenden Tarifvertrags gestoppt.

2. Septemberstreiks und betriebsnahe Tarifpolitik

Gleichwohl blieben auch die Septemberstreiks für die Politik der IGC nicht ohne Folgen. Hatten die Metall- und Bergarbeiter die KA im Herbst 1969 praktisch durchbrochen, so spielte 1970 die KA keine praktische Rolle mehr. Das drückte sich in verschiedenen Formen gewerkschaftlicher Politik aus.
Die IG Metall (IGM) leitete zum ersten Mal seit Jahren vor dem offiziellen Beginn der Tarifrunde eine Diskussion über die Forderungen ein und paßte sich mit ihrer 15%-Forderung den Interessen der Mehrheit der Metallarbeiter an. Nach wenigen Warnstreiks lagen die Abschlüsse im Schnitt sehr hoch. Das Kapital war zahlungsfähig und bereit, den Gewerkschaften

zu helfen, ihren verlorenen Kredit bei den Mitgliedern wieder aufzubessern. Die IGC reagierte der Form nach auf die Septemberstreiks anders. Nach einem entsprechenden allgemeinen Beschluß ihres Gewerkschaftstages von 1969 propagierte sie für 1970 die modellhafte Durchsetzung einer betriebsnahen Tarifpolitik im Bezirk Hessen.

Allgemein entscheidend für diesen Ansatz war die Entfunktionalisierung der Gewerkschaften über das System der übertariflichen Löhne und Sozialleistungen (30-50%) in den Werken der Großchemie. Jedoch unterschied sich die Situation in der Chemieindustrie hier nur in Graden z.B. von der Metallbranche oder der Bauindustrie. Die besonderen Gründe für diese Politik lagen im vergleichsweise sehr geringen Organisationsgrad der IGC in der Großchemie (in den 3 Großkonzernen unter 50%). Das ist eher auf die Arbeitskräftestruktur zurückzuführen (hoher Angestelltenanteil und geringer Facharbeiteranteil) und auf das historisch frühe Entstehen hoher übertariflicher Zahlungen, da die Chemieindustrie von Anfang an ein hochkonzentrierter Kapitalzweig war und die Gewerkschaften von Anfang an schlecht Fuß fassen konnten. Außerdem ist die Stellung der 3 Großkonzerne Hoechst, Bayer und BASF für die chemische Industrie und jede Gewerkschaftspolitik entscheidend. Ohne gewerkschaftlichen Einfluß in diesen 3 Großkonzernen ist die Gewerkschaft in der ganzen chemischen Industrie machtlos.

Die betriebsnahe Tarifpolitik sollte aus diesen beiden Dilemmas herausführen:
- durch die tarifliche Absicherung der übertariflichen Löhne
- durch die Eindämmung der übertariflichen Löhne über die tarifliche
  Ausschöpfung der Profitspannen der Großchemie.

Die Gefahr, daß betriebliche Abschlüsse entsolidarisierend wirken und sich ein ständisches Bewußtsein der Arbeiter in den Großbetrieben entwickeln könnte, war deshalb gering zu bewerten, weil der Partikularismus und die Isolierung der Belegschaften faktisch durch die Anarchie der Betriebsvereinbarungen in viel ausgeprägterem Maße bestand und die Solidarität der Arbeiter nach einem Flächentarifvertrag eher frommer Wunsch als Realität war. Dagegen hätten mobilisierte einzelne Belegschaften eher die Funktion des Lohn-Vorreiters übernehmen können. Die Schwächen dieser Konzeption lagen woanders.

Der organisatorische Hebel der betriebsnahen Tarifpolitik konnte nur "betriebsnah" sein. Das war genau der Widerspruch, in dem sich die gewerkschaftliche Politik verfing: Die Träger dieser Politik mußten jene Betriebsräte der Großchemie sein, die selber das geringste Interesse an dieser Politik hatten. Zwar existierten in den Großbetrieben Vertrauensleutekörper, aber ihre Form als betriebliche Vertrauensleutekörper, die von der gesamten Belegschaft und nicht nur von den gewerkschaftlich organisierten Arbeitern gewählt werden, machte sie im allgemeinen eher zu Instrumenten unternehmerischer als gewerkschaftlicher Politik und zu Anhängseln

der sozialpartnerschaftlichen Betriebsräte. Hinzu kam, daß die betriebsnahe Tarifpolitik für die Arbeiter keinen dringlichen Charakter hatte. Sie war eine Initiative des linken bürokratischen Flügels der IGC. Die Chemiearbeiter standen der Forderung nach Betriebstarifen ziemlich passiv gegenüber und als die Unternehmer hohe Lohnangebote machten, um die neue Tarifkonzeption zu unterlaufen, war der Zug abgefahren.
Gleichwohl blieb der blitzschnelle Flächenabschluß der IGC ohne Einschaltung der gebildeten Firmen-Tarifkommissionen nicht ganz ohne innergewerkschaftliche Folgen. Die Kritik kam aus diesen Firmentarifkommissionen.
Sie konzentrierte sich auf das bürokratische Vorgehen der Gewerkschaftsspitzen, die die betriebsnahe Tarifpolitik ja ausdrücklich auch unter dem Slogan der "Demokratisierung" der Tarifpolitik angeboten hatten. Doch ist folgendes festzuhalten:
Während die IGM 1969 in den Septemberstreiks in einen scharfen Widerspruch zu ihren Mitgliedern auf einer klaren materiellen Basis geriet, geriet die IGC in Hessen nur in Widerspruch zu verstreuten Teilen von Vertrauensleuten in verschiedenen Firmen-Tarifkommissionen, soweit sie dort bei der Aufstellung der Forderungen eine Rolle gespielt hatten. Gegenstand der Kritik der Gewerkschaft war nicht so sehr ein materielles, lohnpolitisches Versagen der Gewerkschaft, denn der Flächenabschluß war sehr hoch, sondern ihr undemokratisches Vorgehen.
Die beiden Pole dieser Entwicklung waren damals das Hauptwerk Hoechst in Frankfurt und Merck in Darmstadt. Im Hoechster Hauptwerk war die Firmentarifkommission völlig beherrscht von der Betriebsratsspitze, die keinerlei Interesse an einer betriebsnahen Tarifpolitik hatte. Der Hoechster Vertrauensleutekörper ist bis heute ein reines Instrument der Kapitalpolitik.
Bei Merck hatten schon vorher Auseinandersetzungen zwischen Vertrauensleutekörper und Betriebsrat stattgefunden. Die Vertrauensleute sahen in der betriebsnahen Tarifpolitik die Möglichkeit, mit gewerkschaftlicher Unterstützung die sozialpartnerschaftliche Politik des Betriebsrates zu durchbrechen und bei Merck harte Interessenpolitik zu machen. Mit Unterstützung der Verwaltungsstelle hatten sie sich intensiv auf die Auseinandersetzungen vorbereitet.
Zwischen diesen beiden Polen lag eine Reihe von Mittelbetrieben (Hoechst-Cassella, Hoechst-Griesheim, Degussa I und II, Glanzstoff, Hoechst-Kalle, Caltex). Auch in diesen Betrieben beherrschten die Betriebsräte die Firmentarifkommissionen und bildeten die Vertrauensleute kaum einen Gegenpol. Doch als Tendenz läßt sich feststellen, daß diese Betriebsräte einerseits der betriebsnahen Tarifpolitik nicht ablehnend gegenüberstanden, daß sie aber andererseits auch nichts unternahmen, um die Belegschaften für diese Politik zu mobilisieren. Als bezirkliche Tarifkommissionsmitglieder stimmten sie alle dem schnellen Regional-Abschluß zu, d.h. sie standen praktisch unter keinerlei Kontrolle von seiten der Firmentarifkommissionen oder der Belegschaften. Ihr begrenztes Interesse an der betriebsnahen Ta-

rifpolitik rührte wahrscheinlich daher, daß sie in ihrer betrieblichen Politik stärker auf die Gewerkschaften angewiesen sind (Wirtschaftsinformationen, Schulungen) als die Hoechster Betriebsräte, die mit ihrem eigenen Apparat die Frankfurter Verwaltungsstelle zehnmal in die Tasche stecken.

In den folgenden Tarifrunden kam es zu keiner Neuauflage der betriebsnahen Tarifpolitik. Trotzdem zeigte sich, daß das Konzept noch nicht endgültig gestorben war. Wichtige Teile von Vertrauensleutekörpern (z.B.) Merck) diskutierten das Konzept weiterhin, neu motiviert durch die Erfahrung des Chemiearbeiterstreiks 71, daß die Hoechster Arbeiter nur schwer in einen allgemeinen Lohnkampf hineinzuziehen sind.
Dennoch erscheint heute – angesichts der aktuellen Strategie des Kapitals und der Erfahrungen der Arbeiter selbst in der Chemieindustrie – die betriebsnahe Tarifpolitik in einem neuen Licht. (1)

3. Chemiearbeiterstreik 1971

a. Lineare Forderung
Die IGC versuchte 1971 keine Neuauflage der betriebsnahen Tarifpolitik. Sie forderten stattdessen zum ersten Mal eine lineare Lohnerhöhung von 120 DM für die Arbeiter. Für die besser gestellten Angestellten wurde eine Prozentforderung formuliert. Die lineare Forderung wurde von allen Arbeitergruppen akzeptiert. Auch von Arbeiterlohngruppen, die durch Prozentforderungen begünstigt worden wären. Die eindeutige Unterstützung der linearen Forderung durch die Arbeiter hatte verschiedene Ursachen.
- Der Offensive des Chemiekapitals mußte eine möglichst große Solidarität der Chemiearbeiter entgegengestellt werden, die sich auch in der Forderung ausdrückte.
- Die Forderung war absolut hoch genug, um für alle Arbeiter interessant zu sein.
- Der Facharbeiteranteil in der Chemieindustrie ist geringer als in anderen Industrien.
- Die tariflichen Lohndifferenzen sind in der Chemie nicht sehr groß, die entscheidenden Lohndifferenzierungen nach Gruppen erfolgen über den übertariflichen Mechanismus. (Im Bereich der Angestellten haben die jahrelangen Prozentforderungen – auf der Basis allgemein höherer Gehälter der Angestellten und geringerer übertariflicher Zulagen – allerdings verheerend große Unterschiede geschaffen.)
Obwohl die IGC die lineare Forderung 1971 wieder zu Gunsten eines rei-

nen Prozent-Abschlusses fallen ließ, schuf sie mit der Forderung eine "Tradition", die sie nicht mehr gänzlich auszulöschen vermochte. Forderungen und Abschluß von 1972 enthielten zum ersten Mal einen allgemeinen Sokkelbetrag und eine Zusatz-Prozent-Forderung. Die Gewerkschaftsbürokratie benutzte zwar diesen Sockelbetrag als taktischen Schachzug, um eine insgesamt geringe Forderung besser verkaufen zu können, aber daß sie diesen Weg dafür wählte, weist darauf hin, daß die Forderung nach Linearität in den Betrieben zunehmend verankert ist. Symptomatisch dafür ist auch, daß der übertarifliche Herbstabschluß des Cassella-Betriebsrats sich zum ersten Mal aus einem höheren allgemeinen Sockelbetrag und einem geringeren Prozentbetrag zusammensetzte.

b. Offensive des Kapitals

Die entscheidende Veränderung in der Tarifrunde 1971 bestand allerdings nicht in der linearen Forderung der Gewerkschaft. Sie bestand in der allgemein veränderten Strategie des Kapitals in der BRD angesichts sinkender Profite und angesichts verstärkten Drucks der Arbeiter auf die Gewerkschaften. Kündigten unter dem Druck der Arbeiter 1969/70 die Gewerkschaften praktisch die KA auf und war das Kapital bereit, auf der Basis vergangener Superprofite schnelle und hohe Konzessionen zu machen (auch um den Kredit der Gewerkschaftsbürokratie bei ihren Mitgliedern wieder zu stärken), so wendete sich das Blatt 1971 vollkommen.

Das Kapital verließ sich nicht mehr gänzlich auf den Einfluß der SPD- und Gewerkschaftsführung auf die Arbeiter, da dieser Einfluß auf Grund der vorangegangenen Kämpfe und der wachsenden Inflation wenig erfolgversprechend schien. Das Kapital wollte den Arbeitern selber eine Lektion erteilen. Es drohte mit Arbeitslosigkeit und schlug mit einem bundesweiten 4%-Angebot in der Chemie- und in der Metallindustrie eine Konfrontationsstrategie ein, die zum Streik führen mußte, wollten die Gewerkschaften nicht ihr Gesicht verlieren.

In dieser Situation geriet die Gewerkschaftsbürokratie in ihrer Funktion als Vermittlungsagent zwischen Kapital und Arbeiterinteressen in handfeste Schwierigkeiten; die Interessengegensätze hatten sich verschärft: hier sinkende Profite - dort spürbar gewordene Inflation.

In dieser Klemme nahm die Taktik der Gewerkschaftsbürokratie in der Metall- bzw. Chemieindustrie zwar verschiedene Formen an, doch das waren nur unterschiedliche Mittel für das gleiche Ziel: Reallohnstopp akzeptieren - aber Gesicht vor den Mitgliedern wahren.

Die Offensive der Unternehmer konnte nicht kampflos hingenommen werden, doch der Kampf mußte auf so kleiner Flamme gehalten werden, daß der Reallohnstopp als Stabilitätsbeitrag der Gewerkschaftsbürokratie für das Kapital durchkam. In der Metallindustrie bedeutete das, daß die IGM den Streik auf Baden-Württemberg begrenzte. Für die Arbeiter war das zunächst einleuchtend, weil es in diesem Bezirk die geringsten Krisenerscheinungen gab und die Metallarbeiter hier über die größten Kampferfahrungen verfügten.

Eine solche Taktik wäre in der Chemieindustrie ganz unplausibel gewesen; beide Gründe lagen nicht vor. Und eine solche isolierte Bezirkstaktik hätte die IGC dann gezwungen, einen der Großkonzerne zu knacken, um einen auf einen Bezirk beschränkten Streik wirksam rechtfertigen zu können. Die IGC wählte deshalb die Taktik, in allen Bereichen zu streiken, aber den Streik auf die chemischen Mittelbetriebe zu beschränken und die drei großen Konzerne – die Machtfaktoren innerhalb des Chemiekapitals – ungeschoren zu lassen. (Ein direkter Beweis für diese Taktik liegt in der Tatsache, daß in Rheinland-Pfalz als einzigem Bezirk nicht gestreikt wurde, denn dort existiert nur BASF und eine Reihe von Klitschen. Streiken konnte hier nur heißen: bei BASF streiken. Das sollte eben vermieden werden).

Gleichzeitig organisierte die IGC-Spitze nicht etwa einen geschlossenen Streik der Mittelbetriebe, sondern splitterte deren Kampf systematisch auf: "Nadelstich-Taktik". Bei dieser Streiktaktik konnte die IGC in gewisser Weise in Hessen an die betriebsnahe Tarifpolitik mit ihrem betriebsbezogenen Interessenhorizont anknüpfen.

Allgemein kann man sagen:

- daß in den meisten chemischen Mittelbetrieben gestreikt wurde. Dauer und Härte der Streiks waren sehr unterschiedlich. Dementsprechend auch die Erfahrungen mit dem Klassengegner;
- je härter und länger der Streik verlief, desto eher verschärften sich auch die innergewerkschaftlichen Gegensätze, weil Teile der Gewerkschaft als Hindernisse im Kampf gegen das Kapital erfahren wurden: entweder im Betrieb selber (Vertrauensleute gegen konservativen Betriebsrat) oder auch in der Gesamtorganisation (Vertrauensleute gegen Hauptvorstand);
- die streikenden Belegschaften und die betrieblichen Streikleitungen hatten keinerlei Kontakt untereinander. Die Gewerkschaftsspitze berief weder Versammlungen aller Streikleitungen noch der Vertrauensleute ein.

c. Ansätze innergewerkschaftlicher Opposition (in Hessen)

Angesichts der jahrelangen betrieblichen Interessenfixierung der Chemiearbeiter in dem Sinn, daß es nicht eine Auseinandersetzung gab, die über den Betrieb hinausreichte, angesichts dessen, daß die "Nadelstich-Taktik" der IGC diesen Zustand quasi verlängerte, ist es klar, daß von einer innergewerkschaftlichen Opposition nur schwer gesprochen werden kann, wenn wir als Kriterium anlegen, inwieweit es gelang, die Gesamtstrategie des Gewerkschaftsapparates zu durchschauen und daraus Konsequenzen zu ziehen.

Das scheint nur bei Merck der Fall gewesen zu sein. Dort beschloß die Belegschaft in aufeinanderfolgenden Vollversammlungen einen insgesamt 14-tägigen Streik, der sehr hart geführt wurde. Die Streikbeteiligung war sehr hoch. Vertrauensleutekörper und Verwaltungsstelle waren das organi-

satorische Zentrum des Streiks. Sie hatten sich schon länger vorher als
Zentren harter Gewerkschaftspolitik gegen den rechten Betriebsrat heraus-
gebildet.

Diese vorangegangene Auseinandersetzung ermöglichte einen langen und
harten Streik, an dessen Ende notwendig die Frage stand, warum er erfolglos blieb. An den Mercker Betriebsräten konnte es nicht liegen, sie
waren 'überwunden' worden. Der Adressat der Kritik mußte die Gewerkschaftsspitze sein, als ganz klar war, daß die Merckarbeiter die zentrali-
sierte Kapitalmacht nicht durchbrechen konnten. In dieser Situation tauch-
te in brisanter Form die Forderung nach Urabstimmung bei Hoechst
auf, wie sie in keinem anderen Betrieb so scharf formuliert wurde. Es
mußte dann die konkrete Erfahrung gemacht werden, daß die Gewerkschaftsbürokratie unter keinen Umständen bereit war, den Streik auf Hoechst auszudehnen. In dieser Situation geriet vorübergehend die ganze Belegschaft,
insbesondere der Vertrauensleutekörper, in scharfen Widerspruch zur Politik des IGC-Hauptvorstands. Schärfster Ausdruck davon war eine von
5 000 Merck-Arbeitern verabschiedete Resolution, in der der sofortige
Rücktritt des "verräterischen Hauptvorstandes" verlangt wurde.

Das bedeutete von diesem Zeitpunkt an zweierlei - da der rechte Betriebsrat nur vorübergehend im Streik kaltgestellt war -: daß der Vertrauensleutekörper von Merck und die Darmstädter Verwaltungsstelle bei der Verschär-
fung des gewerkschaftlichen Kampfes von jetzt an in einen schwierigen und
gefährlichen Zweifrontenkrieg innerhalb der Gewerkschaft gerieten: gegen
den rechten Betriebsrat und gegen den IGC-Hauptvorstand. Zweitens, daß
die Mercker Vertrauensleute sich nach anderen Verbündeten in anderen
Betrieben umsehen mußten, wenn die richtigen Lehren aus dem Streik ge-
zogen werden sollten.

Eine scharfe Kritik an der Politik der Gewerkschaftsspitzen wurde auch
von Degussa II in Hanau/Wolfgang geübt, die die Bezirksleitung dazu
zwang, sich direkt nach dem Streik der ganzen Belegschaft zur Kritik zu
stellen. Der Streik war auch hier relativ lang und hart verlaufen. Wahrscheinlich hat aber in einer ganzen Reihe von anderen Betrieben (auf der
Grundlage der betriebsbezogenen "Nadelstich-Taktik" und der zwingenden
Notwendigkeit, den Streik minimal zu organisieren) die Opposition einen
ganz anderen Charakter gehabt. Was bei Merck schon vorher geschehen
war, geschah jetzt hier. Die innergewerkschaftliche Auseinandersetzung
konzentrierte sich rein auf eine Auseinandersetzung zwischen dem Vertrauensleutekörper und den alteingesessenen IGC-Betriebsräten, die die entsprechenden Nebenstellen beherrschten. Der eigentliche Entscheidungsträ-
ger des bürokratischen Apparates - der Hauptvorstand und die Bezirksleitung - gerieten aus dem Schußfeld, weil sie immerhin die Streikinitia-
tive gegeben hatten, die jetzt von den Betriebsräten mehr oder weniger
abgeblockt wurde.

Typisch für den Fall ist Hoechst/Offenbach, wo die Belegschaft ge-

spalten war, weil die Nachtschicht nicht streikte. Nachdem der Bezirks-
leiter den Betrieb für den Streik 'freigegeben' hatte und sicherlich auch
eine recht radikale Rede hielt, versuchte ein Teil der Vertrauensleute den
Streik zu organisieren. Der Betriebsrat blieb passiv oder blockierte. Die
Perspektive der innergewerkschaftlichen Auseinandersetzung war auf den
Betrieb gerichtet. Es ist sehr wahrscheinlich, daß auch in Hoechst/Offen-
bach die Frage nach einer Urabstimmung bei Hoechst in Frankfurt laut
wurde, aber sie hatte kaum besonders brisanten Charakter; angesichts der
Tatsache im eigenen Betrieb, daß sich die halbe Arbeiterschaft zu Streik-
brechern hergab, mußte die Erklärung der Bürokratie für die Unterlassung
der Urabstimmung im Hauptwerk plausibel klingen: die Verhältnisse in
Hoechst müßten zu einer Niederlage in der Urabstimmung führen. Innergewerkschaftliche Opposition bedeutete hier also: Opposition auf der untersten gewerkschaftlichen Ebene: im Betrieb.
C a s s e l l a ist wahrscheinlich eine weitere typische Erscheinungsform gewesen. Hier kam es weder zu einer innergewerkschaftlichen Opposition im
Betrieb von irgend nennenswertem Ausmaß, noch in bezug auf die Politik
des Hauptvorstandes. Der Betriebsrat bei Cassella war bei der Belegschaft
als Interessenvertreter ganz gut verankert und hatte sich auch nie gewerk-
schaftsfeindlich verhalten - wie der Mercker oder Hoechster Betriebsrat.
Innerhalb des betrieblichen Vertrauensleutekörpers bildete sich keine nen-
nenswerte Opposition. Nach kurzem Zögern stimmte der Betriebsrat einem
Drei-Tage Streik zu und setzte sich organisatorisch an dessen Spitze. Der
Streik verlief passiv und ohne Auseinandersetzungen. Zwar zeigte die Fahrt
von 200 - 300 Cassella-Arbeitern zur Demonstration der Hoechster, daß
der Cassella-Belegschaft klar war, daß der Streik ohne die Einbeziehung
von Hoechst in die Hosen gehen mußte, aber der passive Streikverlauf
zeigte, daß die Cassella-Belegschaft eher darauf hoffte, daß nun Hoechst
mal für sie streiken werde; sie akzeptierte ebenfalls die Erklärung der
Gewerkschaftsbürokratie, eine Urabstimmung würde den Bach runter gehen.
Der Hauptvorstand geriet auch hier aus der Schußlinie.
Während in allen chemischen Mittelbetrieben gestreikt und zumindest eine
minimale Erfahrung des Klassengegensatzes praktisch gemacht wurde, war
das im Hauptwerk Hoechst nicht der Fall. Das Hauptwerk Hoechst stellt
fast ein Drittel der Beschäftigten der chemischen Industrie Hessens. Für
den Streik war soviel klar: daß die Urabstimmung in geschlossener Koalition von Hauptvorstand, Betriebsrat und großen Teilen des betrieblichen
Vertrauensleutekörpers verhindert wurde. Es ist ebenso klar, daß sie sich
in ihrer Politik auf die Zustimmung großer Teile der Belegschaft verlassen
konnten. Hoechst blieb auch im Chemiearbeiterstreik eine unangetastete
Unternehmerbastion und bis heute ist dort auch nicht die Spur einer Gewerkschaftsopposition zu bemerken.
Der Charakter der Opposition ist also sehr unterschiedlich und insgesamt
ist sie sehr schwach. Es wäre völlig falsch davon auszugehen, daß es in

der Chemieindustrie heute so etwas wie eine oppositionelle Vertrauensleutebewegung gäbe, mit der doppelten Stoßrichtung: Betrieb und Gewerkschaft. Noch immer ist Hoechst mit seinem riesigen und völlig integrierten Vertrauensleutekörper der entscheidende Gegenbeweis dafür. Aber sicherlich gibt es eine Tendenz dazu, daß Vertrauensleute versuchen sich gegen rechte Betriebsräte durchzusetzen, seit das Kapital offensiver geworden ist. Diese Opposition ist nur betrieblich organisiert. Nur in seltenen Fällen richtet sich der Blickpunkt aktiv auf das Chemiekapital und die IGC als Ganzes.

Dieser vorwiegend betriebliche Charakter der Opposition (und die Niederlage von 1971) erklären das Paradoxon, daß die IGC einerseits 1972 einen erbärmlichen Abschluß reibungslos über die Bühne brachte, andererseits bei den Betriebsratswahlen gleichzeitig in nicht wenigen Fällen scharfe innergewerkschaftliche Auseinandersetzungen stattfanden – fast immer zwischen Vertrauensleuten und Betriebsräten – und sich die Vertrauensleute in verschiedenen Fällen durchsetzen konnten oder mit einer beachtlichen 'Gegenmacht' zurückblieben.

4. Thesen zur Chemietarifrunde 1973

a. Lohnstopp-Politik des Kapitals

Das Kapital in der BRD wird in allen kommenden Tarifrunden 1972/73 seine Politik des Reallohnstopps fortsetzen. Was sind die Ursachen dafür?

Wenn Vollbeschäftigung herrscht und sich das Kräfteverhältnis zwischen Kapital und Lohnarbeit zugunsten der Arbeiterklasse verschiebt, versucht das Kapital, einen Teil der Lohnerhöhungen über Preissteigerungen wieder rückgängig zu machen, um die Profite günstig zu halten. Inzwischen haben aber die Preissteigerungen eine Höhe erreicht, die der Tendenz nach zum Bumerang für das Kapital werden. Die Ursache dafür liegt in der immer stärker werdenden Verflechtung der kapitalistischen Märkte und der zunehmenden Konkurrenz der verschiedenen nationalen Kapitalistenklassen um Absatzmärkte auf dem Weltmarkt.

Die westdeutsche Industrie ist besonders exportabhängig. Die chemische Industrie kassiert jede dritte Mark ihres Umsatzes aus Warenexporten. Die drei beherrschenden Großkonzerne (Bayer, BASF, Hoechst) sogar jede zweite Mark. Der Absatz auf dem Weltmarkt ist entscheidend für die Profitentwicklung. Für die Kapazitäten der großen Konzerne und eine rationelle Profitmacherei im großen Stil ist der Inlandsmarkt absolut unzureichend. Die Höhe der nationalen Inflationsrate im Vergleich zu anderen Ländern ist deshalb eine entscheidende Bestimmungsgröße für die Profithöhe. Die BRD hat inzwischen eine Inflationsrate, die den Vorsprung des westdeutschen Kapitals gegenüber den Kapitalistenklassen anderer Länder immer mehr abgebaut hat. Um diese Tendenz aufzuhalten, will das Kapital bei den Tariflöhnen Reallohnstopps durchsetzen. Daneben versucht es seit einigen Jahren verstärkt, durch "kostensparende" Rationalisierungsmaßnahmen – anders ausgedrückt: durch mehr Arbeitsleistung für das gleiche Geld – die Profite zu erhöhen und den Warenexport verstärkt durch Kapitalexport zu "ersetzen".

Wie schon im Vorjahr wird das Kapital deshalb in den einzelnen Industrietarifbereichen z e n t r a l vorgehen. Es wird sich auf bezirklich unterschiedliche Abschlüsse nicht einlassen. Jede Gewerkschaftsstrategie, die glaubt, über einen Bezirk den Reallohnstopp durchbrechen zu können, liegt falsch.

1971 war die Chemietarifrunde der Vorreiter für den Reallohnstopp aller anderen Arbeiter. Das Chemiekapital kämpfte nicht nur für sich, sondern auch "stellvertretend" für die anderen Teile der Kapitalistenklasse. Das Kapital verfolgte die Strategie, über die Niederlage der Chemiearbeiter a l l e n Arbeitern in die Köpfe zu hämmern: Streiken 1971 lohnt sich nicht. Dieses Mal spielen die Metalltarifrunde und die ÖTV-Tarifrunde eine ähnliche Rolle für die Chemietarifrunde.

b. Verhalten der Regierung

Jede künftige Regierung wird verstärkt die Lohnstopp-Politik des Kapitals unterstützen.

Auch die SPD-Regierung, die sich offen zur kapitalistischen Marktwirtschaft bekennt, ist zu ihrem eigenen Gedeihen darauf angewiesen, die Inflation zu bremsen – aber nicht auf Kosten des Kapitals. Das Kapital darf seine "Investitionslust" in der BRD nicht verlieren, weder durch "zu hohe" Löhne noch durch eine höhere Besteuerung. Die SPD-Regierung muß deshalb ebenfalls versuchen, die Inflation auf Kosten der Arbeiterlöhne zu bremsen. Ihre Mittel dazu sind:

Sie wird eine verstärkte Propaganda für staatliche Lohnleitlinien machen. Es mag sein, daß die SPD dabei nach außen etwas zurückhaltender ist und mehr versucht, über die fast vollständige personelle Verflechtung von SPD- und Gewerkschaftsführung die Lohnleitlinie "indirekter" durchzusetzen. Unter dem Druck der CDU wird sie aber wahrscheinlich zu offenerem Vorgehen gezwungen.

Die neue Regierung wird eine harte Politik in der ÖTV-Tarifrunde machen. Sie will damit einmal auf Kosten der Löhne der Millionen Beschäftigten im öffentlichen Dienst die Inflation eindämmen. Zum anderen will sie damit ein 'Signal' für Lohnerhöhungen im privatkapitalistischen Sektor setzen.

Wenn diese Maßnahmen sich als unzureichend erweisen sollten, wird auch diese Regierung versuchen, über Haushaltskürzungen und "restriktive" Kreditpolitik den Arbeitsmarkt zu "entspannen", d.h. Arbeitslosigkeit zu produzieren, um so die Kampfkraft der Arbeiter direkt zu schwächen. Die SPD mag sich dabei etwas schwerer tun als die CDU. Aber die Wahlen sind vorbei und die Stimmen der Arbeiter braucht man erst wieder 1976.

20

Die Propaganda der neuen Regierung und der CDU für die "Stabilität" wird sich allerdings unterscheiden. Sie werden ihre Forderung nach gewerkschaftlicher "Lohnzurückhaltung" verschieden begründen.

Die CDU wird wie gewöhnlich lautstark von der "hausgemachten" Inflation reden und vor allem den Gewerkschaften die Schuld in die Schuhe schieben. Sie wird auf die Vermögensängste des Kleinbürgertums anspielen und auf die der Rentner.

Die SPD wird mehr auf die weltweiten Ursachen der Inflation hinweisen (zwar nicht auf die internationale Rüstung, wo sie kräftig mitmischt, aber auf den Zufluß ausländischen Kapitals in die BRD, der die Geldnachfrage erhöht, ohne daß ein entsprechendes Güterangebot vorhanden wäre). Sie wird den Gewerkschaften also nicht allein die Schuld geben. Sie wird sie trotzdem handfest auffordern, in "ihrem Bereich" "Verantwortungsbewußtsein" zu zeigen. Die SPD wird dabei stärker propagieren, daß sie keine Reformen für die Arbeiter machen kann, wenn die Inflation ihr die Steuern wegfrißt.

Die Propaganda wird also unterschiedlich sein. Das Ziel ist dasselbe: "Lohnzurückhaltung" der Gewerkschaften. Der kapitalistische Staat wird massiver als bisher in die kommenden Tarifrunden eingreifen.

c. Profitentwicklung in der Chemieindustrie

Die Profite sind inzwischen wieder erheblich gestiegen.

In der chemischen Industrie der ganzen Welt zeigten sich seit Mitte 1969 zum ersten Mal in der Nachkriegsentwicklung die Anzeichen einer chronischen Überproduktion, vor allem im Sektor der organischen Schwerindustrie (Faser, Kunststoffe, Düngemittel, petro-chemische Rohstoffe). Im März 1972 wurde geschätzt, daß zur Zeit allein in der petrochemischen Industrie ca. 9 Milliarden DM an Kapitalanlagen ungenutzt stillstehen. Die Weltchemieproduktion stieg 1971 nur noch um 4%, 1972 um 5%, verglichen mit durchschnittlich 8,5% in den sechziger Jahren. Die genannten Sektoren der Überproduktion bildeten in den vergangenen 15 Jahren die Grundlage des rapiden Wachstums der chemischen Industrie. Heute dagegen werden Bereiche wie Pharmazeutik und Peptizide, vor allem die Spezialprodukte, zu den profitabelsten Sektoren. Deshalb traf die Überproduktionskrise auch eine Kette von spezialisierten Mittelbetrieben weniger oder kaum. Trotz der Wachstumsverlagerung ist aber die Chemieindustrie wegen ähnlicher Tendenzen in anderen Wirtschaftszweigen noch einer der am stärksten wachsenden Bereiche.

Die Profite der großen Konzerne gingen 1970 und 1971 um 1/3 bis über die Hälfte zurück (bei gleichzeitig gestiegenem Umsatz). Folge war eine allgemeine Herabsetzung der Dividenden. Ebenso wurden die Investitionen erheblich verringert. So kürzte BASF von 1970 auf 1971 um 40,6%; Bayer von 70 auf 71 um 50 %; Hoechst in der gleichen Zeit um 32%.

Langsameres Wachstum der Produktion, fallende Profite und rückläufige Investitionen wirkten sich auf die Beschäftigungszahl aus. Während diese

1970 mit 586 287 (Jahresende) ihren Höhepunkt erreicht hatte, sank sie 1971 um 11 384 bis auf 574 903 ab. Dieser Reduzierung um 5% folgte im ersten Halbjahr 1972 eine weitere Senkung um 1,9%.

Wichtig, um die veränderte Situation in der Chemieindustrie zu erfassen ist, daß diese Beschäftigungseinschränkung in eine Periode sich ausweitender Produktion fällt. Während die Chemieproduktion im letzten Quartal 1969 und durch 1970 hindurch stagnierte, steigt sie seitdem wieder, wenn auch langsamer als in früheren Jahren. Sie stieg in der BRD 1971 um knapp 5% und die Zunahme vom 1. Halbjahr 1972 gegenüber dem 1. Halbjahr 1971 beträgt 5,2%.

Viel schneller als die Umsätze stiegen jedoch die Profite. Sie stiegen nach dem Zwischenbericht der drei großen Konzerne: im 1. Halbjahr 1972 bei Bayer um 16,4%, bei BASF um 28,2%, bei Hoechst um 9,5% (Weltkonzern, erste 8 Monate 1972). Diese Steigerung ist nicht Preiserhöhungen zuzuschreiben: Der Preisindex der chemischen Industrie stieg im 1. Halbjahr 1972 um 1,4 auf 97,4 (mit 1962 = 100 als Basis). Da auch die Inlandsnachfrage kaum gestiegen ist und das Exportgeschäft härterem Konkurrenzdruck ausgesetzt ist, ist die Profiterhöhung vor allem drei Faktoren zuzuschreiben:

Der Kürzung der Investitionen, wodurch sich die Abschreibungen, die als Kosten zählen, verringerten.

Dem tariflichen Reallohnstopp von 1971/72.

Der verstärkten Rationalisierung.

Die verstärkte Rationalisierung zeigt sich schon 1971 in einem großen Sprung des Umsatzes pro Beschäftigten nach vorne: er stieg von 84 381 DM (1970) auf 91 258 DM (1971), oder um 8,15%. Bei weiter abnehmender Beschäftigtenzahl und steigender Produktion dürfte sich diese Steigerung 1972 fortgesetzt haben. Zieht man etwa 1,5 Prozent Preissteigerung ab, dann bedeutet das, daß die Produktivität um 6,65% gestiegen ist. Das ist aus der Arbeitskraft mehr herausgepreßt worden.

Man kann die ganze Sache auch anders formulieren: Das Chemiekapital hat zur Bekämpfung der fallenden Profite aus der Weltüberproduktion drei Auswege eingeschlagen:

tarifliche Reallohnstopps

Rationalisierung durch "Personaleinsparung", durch Betriebsstillegungen und jetzt auch durch die Einführung neuer Lohn-Leistungssysteme

eine neue Investitionsstrategie.

Die Vorstände von Hoechst, Bayer und BASF gaben Ende September folgende Linie bekannt: Die Inlandsinvestitionen sollen von der Inlandsnachfrage und vom deutschen Arbeitsmarkt (die derzeit beide dafür ungünstig sind) abhängig gemacht werden. Sie sollen ungefähr auf dem Niveau der Abschreibungen gehalten werden (da diese in den letzten beiden Jahren rückläufig sind, bedeutet das einen realen Rückgang). Sie sollen vor allem der "Einführung neuer Produkte und Prozesse zur Verbesse-

22

rung der Produktionsstrukturen und Rationalisierungen" dienen (d.h. der Intensivierung der bestehenden, nicht der Ausweitung der Produktion). Die Expansion der Konzerne soll dagegen durch die Errichtung neuer Anlagen im Ausland (niedrige Löhne und Nähe zu den Absatzmärkten) weitergeführt werden. Die Folge ist klar: Verschärfte Rationalisierung und Intensivierung der Arbeit einerseits, weiterer allmählicher Rückgang der Beschäftigten andererseits.

Die Chemietarifrunde 73 fällt also in eine verbesserte Profitsituation der Chemieindustrie, die auf dem Rücken der Arbeiter hergestellt worden ist. Es wird keine Arbeitslosigkeit geben; aber natürlich werden die Konzernherren bei hohen Forderungen mit zukünftiger Arbeitslosigkeit und weiterer Verlagerung ihrer Investitionen ins Ausland drohen. Darauf muß propagandistisch auf verschiedenen Ebenen geantwortet werden:

Man muß ihnen ihre gestiegenen Profite entgegenhalten, und wie sie die gemacht haben.

Man muß sagen, daß sie auch dann die Investitionen weiter ins Ausland verlagern werden, wenn der Reallohnstopp durchkäme; denn die Arbeitskräfte in der "Dritten Welt" (besonders in halbfaschistischen Ländern wie Brasilien usw.) und die Arbeitskräfte in den südeuropäischen Diktaturen der Bourgeoisie (z.B. Spanien und Griechenland) sind dann immer noch weit billiger.

Bei den anarchischen Verhältnissen auf dem kapitalistischen Weltmarkt gibt es keine Arbeitsplatzgarantie durch Lohnverzicht.

d. Nachtrag: Ausgang der Tarifrunde

Die Taktik des Hauptvorstandes und der Bezirksleitung in Hessen war die, daß sie sich bemühten, die Diskussion um die Tarifrunde 73 bzw. über die Höhe der zu stellenden Forderungen so spät wie möglich zu führen. Festzustellen ist, daß sich selbst angeblich linke Verwaltungsstellen strikt an die Marschrichtung des Hauptvorstandes hielten und in den Vertrauensleutekörpern eine frühe Diskussion verhinderten. Begründet wurde dies mit dem Fehlen der letzten wirtschaftlichen Orientierungsdaten.

Trotzdem bleibt festzustellen, daß in vielen Firmen bzw. Verwaltungsstellen linear gefordert wurde. Der Gewerkschaftsbürokratie gelang es nicht, diese Tendenz bei der Aufstellung der Forderungen zu verhindern. Spätestens aber in der Tarifkommission konnte dieser Forderung die Spitze genommen werden. Dabei zeigte sich in Ansätzen ein Widerspruch gegen die bürokratische Tarifpolitik. Dies wurde unter anderem deutlich durch die Anträge, die die Vertrauensleute von Merck und Cassella z.B. an die Tarifkommission richteten. Es wurden darin eine bezirkliche Vertrauensleutekonferenz und eine Erklärungsfrist der Tarifkommissionsmitglieder gefordert.

Einschränkend muß gesagt werden, daß alle diese Forderungen nicht von der Masse der Kollegen getragen wurden, sondern nur von einem kleinen Kreis unter den Vertrauensleuten. Die Forderungen waren nicht das Ergebnis einer breiten Diskussion an der Basis. Deshalb fehlte ihnen die Kraft, den Handlungsspielraum der Bürokratie einzuengen. 11,5% lautete die offizielle Forderung in Hessen und 9,9% der Tarifabschluß. Damit war der tarifliche Reallohnstopp bzw. -abbau durchgesetzt.

Zu Streikansätzen kam es in der Chemieindustrie während der Tarifrunde 73 nur bei BASF im Bezirk Rheinland-Pfalz. Die Chancen der Chemiearbeiter hier, die schon zuvor durch den Abschluß im Bezirk Nordrhein gesetzte 9,9%-Marke noch merklich zu durchbrechen, standen jedoch schlecht. An den Warnstreiks bei BASF waren nie mehr als 10 000 von 47 000 Beschäftigten beteiligt. Der Tarifabschluß lag hier bei 10,6%. Das war kein Sieg für die BASF-Arbeiter, aber auch keine demoralisierende Niederlage.

(1) Bei der Diskussion über die Konzeption der betriebsnahen Tarifpolitik sind jedoch gerade aufgrund der Erfahrungen des Chemiearbeiterstreiks folgende Punkte zu beachten:

   a. Die Arbeiter aller großen chemischen Mittelbetriebe waren bereit, in einer verschärften wirtschaftlichen Situation (Inflation;größere Schwierigkeiten, übertarifliche Konzessionen zu bekommen) und angesichts einer einheitlichen Kapitalstrategie für den gesamten Chemiebereich für einen Flächentarifvertrag zu streiken (120,-DM für alle !).

   b. Der Widerstand des Kapitals gegen Lohnforderungen hat sich mittlerweile verstärkt. Das Chemiekapital machte 1971 unter Führung der drei Großkonzerne eine einheitliche Politik gegen die IGC und die Belegschaften. Diese zentrale Macht des Chemiekapitals konnte durch isolierte Streiks in einzelnen Betrieben nicht unterlaufen werden.

II. ZUR SITUATION BEI SCHERING

1. Betriebsratswahl 1972

Vor der Betriebsratswahl 1972 konnte die linke Opposition im gewerkschaftlichen Vertrauensleutekörper bei Schering einige Abstimmungserfolge verzeichnen. Die Linke war im Vertrauensleutekörper rein zahlenmäßig recht
stark vertreten. So gelang es ihr z.B. die Leitung dieses Gremiums mit
ihren Vertretern zu besetzen und Anfang 1972 die Wahl der rechten Betriebsräte zur Delegiertenhauptversammlung (der Verwaltungsstelle der IG
Chemie in Westberlin) zu verhindern. Diese Abstimmungserfolge im Vertrauensleutekörper entsprachen jedoch keineswegs dem realen politischen
Kräfteverhältnis. Das zeigte sich deutlich am Ausgang der Betriebsratswahl
1972; er bedeutete eine Niederlage der linken innergewerkschaftlichen
Opposition.
Die sozialpartnerschaftlich eingestellten Betriebsräte waren durch das Wahl-
ergebnis zur Delegiertenhauptversammlung gewarnt. Bei der nun anstehen-
den Aufstellung der Kandidatenliste der IG Chemie zur Betriebsratswahl
ging es um ihre Sessel. Deshalb organisierte die Betriebsratsspitze schnell
einen geschlossenen Block von Betriebsräten und Vertrauensleuten, die
nicht der Opposition angehörten. Auf einer eigenen Sitzung stellte dieser
rechte Block eine Kandidatenliste auf. Auf dieser Liste nahm natürlich die
Betriebsratsspitze selbst wieder die ersten Plätze ein. In der entscheidenden Vertrauensleuteversammlung (im März 72) wurde dann von den rechten Betriebsräten sowie vom Geschäftsführer der Verwaltungsstelle die sofortige Abstimmung über die schon zuvor aufgestellte Kandidatenliste er-
zwungen. Es gab weder eine Diskussion, noch eine Ergänzung der Liste.
Durch dieses undemokratische Wahlverfahren wurde die rechte Kandidatenliste, auf der nicht ein Vertreter der Linken berücksichtigt war, ohne ir-
gendeine Änderung angenommen; wenn auch bei einer schwachen Mehrheit
von 43 gegen 35 Stimmen.
Die Rechte konnte sich also bei einer wichtigen Abstimmung kompromißlos
gegen die linke Opposition durchsetzen. Das war nur möglich, weil die
linken Vertrauensleute als militante Interessenvertreter noch keinen ausreichenden Rückhalt in der Belegschaft hatten. Die oppositionellen gewerkschaftlichen Vertrauensleute konnten sich zwar auf den Wunsch großer Teile der Belegschaft stützen, "besser vertreten zu werden". Doch es gab
unter den Kollegen noch kein klares Bewußtsein darüber, daß nicht Verhandlungen für die Durchsetzung ihrer Interessen entscheidend sind, sondern ihre eigene Kampfkraft und Kampfbereitschaft. Zwar war die Empörung über die Manipulation der Wahlliste groß: der Versuch, die Aufstellung der Kandidatenliste als demokratisch zu rechtfertigen, brachte dem
Geschäftsführer der Verwaltungsstelle auf der Betriebsversammlung vor der
Wahl Buh-Rufe und Pfiffe ein; und von den sich an der Betriebsratswahl
beteiligenden 66,1% der Angestellten stimmten 14,8% ungültig. Aber es

25

fehlte der entschlossene Wille, eine Wahlliste mit Kandidaten durchzusetzen, die keine "guten Beziehungen" zur Geschäftsleitung von Schering hatten oder anstrebten. Deshalb war es nicht möglich, den Verwaltungsstellenvorstand zu zwingen, eine neue Liste demokratisch wählen zu lassen. Auch war es beim gegebenen Kräfteverhältnis nicht ratsam, eine Gegenliste aufzustellen. Damit wäre der Gewerkschaftsbürokratie nur eine günstige Gelegenheit geboten worden, die schwache Opposition auszuschalten.

2. Ursachen des fehlenden Rückhalts der Opposition

Als Ursache dafür, daß der linken Opposition im Vertrauensleutekörper, die sich aus militanten Gewerkschaftern und revolutionären Arbeitern zusammensetzt, während der Betriebsratswahlen eine ausreichende Basis fehlte, lassen sich verschiedene Gründe anführen:
Aufgrund der Profitexpansion des Schering-Konzerns in der Nachkriegszeit fiel auch für die Belegschaft etwas ab, ohne daß sie dafür kämpfen mußte. Beträchtliche außertarifliche Lohnerhöhungen, die die Tariflöhne weit hinter sich ließen, wurden jahrelang in Betriebsvereinbarungen zwischen der Unternehmensleitung und dem "verhandlungsgeschickten" Betriebsrat abgeschlossen. Die Gewerkschaft verlor dadurch als Kampforganisation an Bedeutung, was sich unter anderem im Organisationsgrad ausdrückt. Obwohl die Mitgliederzahl in den letzten Jahren stieg, sind auch heute erst ca. 23% der Schering-Belegschaft gewerkschaftlich organisiert. Die besonderen Gründe hierfür sind zweifellos dieselben, wie in der chemischen Industrie überhaupt: hoher Angestelltenanteil und das historisch frühe Entstehen hoher übertariflicher Zahlungen, da die Chemieindustrie von Anfang an ein hochkonzentrierter Kapitalzweig war und die Gewerkschaften von Anfang an schlecht Fuß fassen konnten. Hinzu kommt, daß die gewerkschaftlich organisierten Betriebsräte, die gegenwärtig im Hauptwerk von Schering amtieren, sich überhaupt nicht bemühen, die Kollegen auch nur gewerkschaftlich zu organisieren.
In der Tarifrunde 1971 kam es bei Schering zum ersten Mal zu Streikansätzen in einigen Abteilungen. 1972 konnte die Gewerkschaftsbürokratie dagegen wieder ungestört mit rund 6,5% abschließen. Das entsprach einem Reallohnstopp, und von der immer wieder versprochenen Angleichung der Berliner Tarife an die Bundestarife konnte überhaupt keine Rede sein. Da sich aus den genannten Gründen die linke innergewerkschaftliche Opposition auf keine organisierte und kampfbereite Belegschaft stützen konnte, war es ihr unmöglich, die Bürokratie zu zwingen, einen Arbeitskampf zu organisieren, der für einen besseren Abschluß notwendig gewesen wäre (1).
Außerdem wird die Arbeit der Linken durch den Antikommunismus noch immer gehemmt. In Westberlin war der schlechte Anschauungsunterricht

des Stalinismus für die Arbeiter besonders deutlich; er hat ihr politisches Denken noch stärker geprägt als das der Arbeiter in der BRD. Der Antikommunismus wird immer wieder als ideologische Waffe gegen die linke Opposition gerichtet, um sie von der Masse der Arbeiter zu isolieren. Auch während der Auseinandersetzungen zu den Betriebsratswahlen bei Schering setzten die rechten Betriebsräte diese Waffe deutlich gegen die Opposition ein. Wenngleich diese Waffe bei weitem nicht mehr so wirksam war, wie zur Zeit des Mauerbaus und wie sie bei einem neuen Berlin-Konflikt wieder sein kann, so war sie doch noch ein wichtiges Instrument der Betriebsratsspitze, mit dessen Hilfe sie unter anderem einen geschlossenen Block im Vertrauensleutekörper gegen die "linken Ideologen " formieren konnten (2).

3. Tarifrunde und spontane Streiks 1973

Das politische Kräfteverhältnis bei Schering hat sich seit der Betriebsratswahl 1972 nicht wesentlich verändert. Das wurde durch den Ausgang der Tarifrunde und der spontanen Streiks 1973 deutlich.

a. Tarifrunde 73

Vor Beginn der offiziellen Tarifrunde (im März 73) gelang es den linken Vertrauensleuten bei Schering (bei einem für sie wieder einmal günstigen Stimmenverhältnis) eine hohe lineare Forderung, als Forderung des Vertrauensleutekörpers durchzusetzen. Auch gelang es der Opposition, zwei ihrer Vertreter in die Tarifkommission zu wählen. Das Problem war jedoch, daß die berechtigte Forderung nach 50 DM Vorweganhebung plus 150 DM leider keine hinreichende Unterstützung bekam, weder bei den Arbeitern und Angestellten bei Schering, noch bei den Vertrauensleuten der anderen Chemiebetriebe in Westberlin. Eine Unterschriftensammlung für diese Forderung ergab bei den über 5 000 Beschäftigten im Hauptwerk Wedding von Schering lediglich ca. 150 Unterschriften. Damit war es der Bezirksleitung der IG Chemie leicht, in der Tarifkommission 12% als offizielle Forderung durchzusetzen. Die Bezirksleitung riskierte dabei nicht, ihr Gesicht vor den Kollegen zu verlieren. Die große Mehrheit war nicht streikbereit. Deshalb konnten die Kollegen mit einem Tarifabschluß (im Mai 73) zwischen 9,9 - 10,6% abgespeist werden. Das war bei der derzeitigen Teuerungswelle für viele Kollegen ein tariflicher Reallohnabbau.

b. Auseinandersetzungen über eine Teuerungszulage
Verhalten des Betriebsrats:

Schon kurz nach der Tarifrunde konnte die linke Opposition im gewerkschaftlichen Vertrauensleutekörper bei Schering die Forderung nach einer Zulage von 60 Pfg./Std. bzw. 100 DM/Monat durchsetzen. Der Betriebsrat wurde beauftragt, über diese Forderung mit dem Schering-Vorstand zu verhandeln. Die Betriebsräte weigerten sich jedoch, dieser Aufforderung nachzukommen. Als aber im Sommer durch die Inflation von der letzten

Lohnerhöhung nicht mehr viel übriggeblieben war, wuchs der Unmut der Kollegen. Mehrmals marschierten Kollegen zum Betriebsrat und forderten ihn auf, über eine Teuerungszulage in Verhandlung zu treten.
Nun wurden die Betriebsräte "initiativ". Ohne die Kollegen auch nur zu informieren, forderten sie eine Teuerungszulage in Höhe von 30 DM/Monat bzw. 17 Pfg./Std. und verhandelten heimlich mit dem Schering-Vorstand darüber. An harten Auseinandersetzungen war der sozialpartnerschaftliche Betriebsrat nicht interessiert. Er kalkulierte offenbar folgendermaßen: Um nicht vor den Kollegen das Gesicht zu verlieren, mußte er - wohl oder übel - mit dem Vorstand über eine Zulage verhandeln. Ein Arbeitskampf sollte jedoch auf alle Fälle vermieden werden. Folglich mußten die Forderungen "realistisch" sein, um sie auch ohne Druck der Kollegen "erkämpfen" zu können. Der Betriebsrat hoffte, mit einer guten Portion Kompromißbereitschaft für die Kollegen einen kleinen "Erfolg" aushandeln zu können. Damit hatte er sich jedoch verrechnet.

Absicht des Schering-Vorstandes:
Der Schering-Vorstand machte diesmal beim "Sozialpartnerschaftsspiel" nicht mit. Er erteilte dem Betriebsrat eine Absage, obwohl es ihm bei der derzeitig immer noch günstigen Geschäftslage nicht schwer gefallen wäre, die geforderte Zulage zu bezahlen.
Zweifellos wußte der Vorstand, daß der Betriebsrat nur aufgrund der wachsenden Unzufriedenheit der Kollegen "initiativ"geworden war. Eine Zustimmung zur geforderten Zulage hätte diese Unzufriedenheit auf jeden Fall wieder gedämpft; allerdings nicht für immer. Der Vorstand rechnete offenbar damit, daß sich in Zukunft die Kampfbereitschaft der Belegschaft, infolge anhaltender Inflation, noch mehr vergrößern würde. Deshalb wollte er von vornherein die Konfrontation. Seine Absicht war es, die streikbereiten Kollegen durch eine Niederlage zu demoralisieren, bevor die Mehrzahl der Kollegen bei Schering kampfbereit ist. Damit sollte zugleich der Gesamtbelegschaft eine Lektion erteilt werden. Allen Kollegen sollte klargemacht werden: Streiken lohnt sich nicht!
Der Vorstand verfolgte dabei folgende Strategie: Einmal provozierte er die streikbereiten Kollegen. Kampfmaßnahmen zu organisieren. Zu diesem Zweck überließ er es nicht dem Betriebsrat, das Scheitern der Verhandlungen bekanntzugeben. Er selbst tat es und betonte dabei seine kompromißlose Haltung. Zum anderen setzte der Vorstand alles daran, um eine Ausdehnung der Kampffront zu verhindern. Dazu diente die ideologische Verunsicherung (Ablehnung der Zulage aus stabilitätspolitischen Gründen) genauso, wie die Androhung von Disziplinarmaßnahmen (nach den Streiks wurde ein Kollege entlassen).

Schwächen der Streiks:
Aufgrund der provokatorischen, kompromißlosen Haltung des Vorstands kam es (Ende August bis Anfang Oktober) in verschiedenen Abteilungen bei

Schering zu mehreren kurzen Arbeitsniederlegungen. Insgesamt beteiligten sich in den beiden Werken (Hauptwerk Wedding und Werk Charlottenburg) jedoch nur jeweils ungefähr 300 Kollegen. Höhepunkt der Auseinandersetzungen war ein fünftägiger Streik im Werk Charlottenburg, an dem sich ca. 300 - 200 Kollegen beteiligten. Dieser Streik konnte jedoch nicht ausgedehnt werden und brach erfolglos zusammen; es gab keinen Pfennig mehr. Damit hatte der Vorstand sein Ziel erreicht, der Belegschaft eine Niederlage beizubringen.

Unbestreitbar waren große Teile der Belegschaft nicht streikbereit. Dadurch wurden einmal zuwenig Kollegen in die Auseinandersetzungen einbezogen. Eine organisierte Diskussion in den einzelnen Abteilungen der beiden Werke über Forderungen und Kampfmaßnahmen fand auch nicht statt. Zum anderen waren die Streikansätze zu unorganisiert. Abteilungen streikten zeitlich getrennt voneinander. Kollegen brachen den Streik ab, weil sie nicht wußten, ob sich noch weitere Abteilungen mit ihnen solidarisieren würden. Andere legten die Arbeit aus diesem Grunde erst garnicht nieder. Verläßliche Informationen über die Streikbereitschaft in den verschiedenen Bereichen und genaue Absprachen zwischen den kampfkräftigen Abteilungen über den Streikbeginn wären für die Organisierung einer stärkeren Streikfront notwendig gewesen.

Ein Grund für diese Schwächen war: es gab keinen Kreis von Kollegen, der die notwendigen Diskussionen, den Informationsfluß und die wichtigen Absprachen organisierte. Der Betriebsrat und der gewerkschaftliche Vertrauensleutekörper nahmen diese Aufgaben nicht wahr. Der Betriebsrat nicht, weil er an einem Arbeitskampf nicht interessiert war. Trotz der Haltung des Vorstands übte er sich weiterhin in Sozialpartnerschaft und bemühte sich eifrig, den Arbeitsfrieden wiederherzustellen, wodurch er den streikenden Kollegen in den Rücken fiel. Was den Vertrauensleutekörper betrifft, so war dieser durch die Stärke der Betriebsratsspitze und des Verwaltungsstellenvorstands der IG Chemie gelähmt. Bezeichnenderweise hat während der Auseinandersetzungen über die Teuerungszulage bei Schering nicht einmal eine Vertrauensleuteversammmlung stattgefunden. Auch haben die gewerkschaftlichen Vertrauensleute noch immer keine eigene Zeitung, mit der sie die Kollegen über wichtige Ereignisse informieren und in Auseinandersetzungen besser eingreifen könnten.

4. Aufgaben der linken Opposition

Die Aufgabe von oppositionellen Gewerkschaftern bei Schering ist es jetzt, einen möglichst großen Kreis von Kollegen zu organisieren, der in zukünftigen Auseinandersetzungen die notwendigen Aufgaben zur Information und Koordination übernehmen kann, die zur Zeit von keinem offiziellen Gremium (Betriebsrat, Vertrauensleutekörper und Verwaltungsstelle) wahrgenommen werden. Voraussetzung dafür ist, daß es der linken innergewerkschaftlichen Opposition gelingt, sich einen Rückhalt in Betrieb und Gewerkschaft zu schaffen, der sich nicht in bloßer Sympathie erschöpft. Dazu ist einmal notwendig, daß auf der Grundlage ausgewiesener Analysen gezeigt wird, daß die rechten Betriebsräte und Vertrauensleute sowie die sozialdemokratischen Gewerkschaftsführer sich gar nicht oder nur halbherzig für die Forderungen der Kollegen einsetzen. Ferner müssen die konkreten Möglichkeiten, wie die Kollegen ihre Forderungen durchsetzen könnten, plausibel aufgezeigt werden. Zum anderen muß die linke Opposition trotz der gegenwärtigen Gewerkschaftspolitik die Kollegen von der Notwendigkeit überzeugen, sich gewerkschaftlich zu organisieren. Es wäre ein Fehler, die Mitgliederwerbung den Rechten zu überlassen.

Um die Betriebsräte, die rechten Vertrauensleute und Gewerkschaftsführer zu entlarven, wäre es falsch, diese mit Forderungen zu konfrontieren, die noch nicht bei den Kollegen verankert sind. Über Forderungen, die keinen ausreichenden Rückhalt haben, können sie sich hinwegsetzen, ohne daß sie dadurch das Vertrauen der Kollegen verlieren würden. Deshalb ist es erforderlich, daß die oppositionellen Gewerkschafter in den Abteilungen über betriebliche und gewerkschaftliche Ereignisse und Probleme sowie über die dadurch notwendigen und möglichen Forderungen zunächst ausreichend diskutieren. Nur so ist es möglich Forderungen aufzustellen, die von einer großen Anzahl der Kollegen akzeptiert werden. Erst mit solchen Forderungen hat es Sinn, die offiziellen Gremien zu konfrontieren. Dabei sollte mit den Forderungen der Kollegen öffentlich an die Vertrauensleute, den Betriebsrat und die gewerkschaftliche Verwaltungsstelle herangetreten werden, und zwar vor aller Augen in den Abteilungen sowie auf betrieblichen und gewerkschaftlichen Versammlungen.

Nur durch ein solches Vorgehen werden die oppositionellen Gewerkschafter das Vertrauen der Kollegen gewinnen können. Das wäre einmal eine entscheidende Voraussetzung dafür, daß sich innerhalb der linken Opposition ein Kreis von aktiven Kollegen herausbilden kann, der in zukünftigen Auseinandersetzungen inoffizielle Kampfmaßnahmen organisieren und leiten könnte. Zum anderen wird ein solches Vorgehen gleichermaßen die linken Vertrauensleute stärken und ihnen den notwendigen Rückhalt geben, im gewerkschaftlichen Vertrauensleutekörper Einfluß auf die Politik und die personelle Zusammensetzung von Betriebsrat und Verwaltungsstellenvorstand zu nehmen. Entweder aktivieren sich die einzelnen gewerkschaftlichen Vertrauensleute im Interesse der Kollegen, wenn sie mit deren Forderungen konfrontiert werden, oder sie verlieren das Vertrauen und können dann bei der nächsten Wahl abgesetzt werden.

Zur Entlarvung des Betriebsrates und der rechten Vertrauensleute ist vor allem das Aufgreifen von betriebsspezifischen Konflikten erforderlich. Um die Gewerkschaftsbürokratie vor den Mitgliedern im Betrieb und auf überbetrieblichen gewerkschaftlichen Veranstaltungen entlarven zu können, wird besonders ein systematisches Eingreifen in die Tarifpolitik wichtig sein. Dabei ist für die kommenden Tarifrunden folgendes zu beachten:

a. Da die Gewerkschaftsführung in diesem – wie im letzten – Jahr eine Forderung aufstellen wird, die auf einen tariflichen Reallohnstopp hinausläuft, ist es notwendig, daß die linke Opposition eine e i g e n e F o r d e - r u n g aufstellt. Sie muß dies als innergewerkschaftliche Opposition tun, nicht als revolutionäre Opposition.

b. Die Forderung muß r e c h t z e i t i g propagiert werden, bevor der Hauptvorstand seine Forderung nach unten an die Bezirke und Tarifkommissionsmitglieder "durchgibt". Es muß vorher in den Betrieben eine Diskussion um die richtige Forderung ausgelöst werden, um der an der Profitstabilität orientierten Forderung des Hauptvorstandes eine Forderung im Interesse der Arbeiter entgegensetzen und eine Kampfperspektive für die Tarifrunde geben zu können.

c. Die Forderung muß bis zur endgültigen Entscheidung der Tarifkommission überall dort hart verteidigt werden, wo die Opposition auftreten kann: am Arbeitsplatz, auf der Betriebsversammlung, auf Vertrauensleuteversammlungen, auf der gewerkschaftlichen Mitgliederversammlung. Sie darf sich nicht auf schnelle Kompromisse einlassen, wenn sie in der Minderheit ist. Es wäre jedoch falsch, wenn die Tarifkommission eine offizielle Forderung für die Tarifrunde endgültig festgesetzt hat, ohne daß dabei die Forderung der Opposition stark – wenn überhaupt – berücksichtigt wurde, weiter für eine eigene Forderung kämpfen zu wollen, d.h. zur Zeit noch.

Sehr wahrscheinlich wird es wieder dazu kommen, daß die Gewerkschaftsbürokratie mit dem Aufstellen von niedrigen und prozentualen Lohn- und Gehaltsforderungen die Opposition ignoriert. Die Bürokratie kann das noch recht unbesorgt tun, denn der Linken fehlt – wie oben schon ausgeführt – bei Schering der ausreichende Rückhalt in der Belegschaft. Und eine starke militante Basis wird sich die Opposition nicht in einem Anlauf, bei den Auseinandersetzungen über die Tarifforderungen 74, schaffen können und schon gar nicht in einem Betrieb, in dem nur ca. 23% gewerkschaftlich organisiert sind. Deshalb würde der Versuch, eine einheitliche Kampffront hinter einer alternativen Forderung zu organisieren, nachdem die Tarifkommission schon die offiziellen Forderungen endgültig festgesetzt hat, scheitern. Ein inoffizielles Kampfkomitee würde gegenwärtig als Witz erscheinen und nur dazu führen, daß es den Bürokraten gelingt, die Oppositionellen als Spalter zu diffamieren.

Die Aufgabe der Opposition wird es darum sein, schließlich für die volle Durchsetzung der von der Tarifkommission e n d g ü l t i g a u f g e s t e l l t e n F o r d e r u n g e n zu mobilisieren. Die Bürokratie muß dann beim Wort genommen und anhand ihrer "Kampf"-Strategie für die Durchsetzung ihrer eigenen Forderungen entlarvt werden.

d. Die eigene Forderung darf nicht utopisch hoch sein: sie darf nicht als unrealistischer Witz erscheinen, mit dem man sich von den Kollegen isoliert. Die Forderung darf auf der anderen Seite auch nicht so aussehen, daß es sich kaum lohnt, für sie zu kämpfen und daß sie geeignet ist, die Profite des Kapitals weiter hochzupäppeln. Ferner muß die Forderung linear sein. Einmal weil die Prozentforderungen die unteren Lohngruppen benachteiligen und zum anderen die Einheit der Arbeiter gegen das Kapital untergraben. Daß eine lineare Forderung die Zustimmung der Kollegen findet, zeigte sich schon in der Tarifrunde 1971.

e. Es ist unerläßlich, daß die Opposition den Kollegen in Betrieb und Gewerkschaft genau erklärt, warum sie eine eigene Forderung propagiert. Auch die Höhe und die Form der Forderung muß einleuchtend begründet werden. Darüber hinaus ist es notwendig, ausführlich auf die Propagandatricks des Kapitals (Lohn-Preis-Spirale, Ölkrise, Arbeitslosigkeit usw.) einzugehen.

5. Bedeutung und Entwicklung der Schering-Gruppe

Die oben angeführten Aufgaben der linken Opposition versucht die Schering-Gruppe systematisch in Angriff zu nehmen. In ihr ist ein Teil der linken innergewerkschaftlichen Opposition bei Schering organisiert. Das wird solange notwendig sein, wie der Rückhalt der Opposition in der Belegschaft und ihre Mehrheit im Vertrauensleutekörper nicht gegeben bzw. gesichert ist. Solange die Opposition noch keinen ausreichenden Rückhalt hat, kann sie zwar vorübergehend eine Mehrheit im Vertrauensleutekörper gewinnen, eine entsprechende Leitung wählen und - wie es Anfang 72 der Fall war - die Wahl der rechten Betriebsräte zur Delegiertenhauptversammlung verhindern. Jedoch wenn die Rechten daraufhin ihre Offensive starten, sind die Linken machtlos: die Aufstellung der Kandidatenliste für die Betriebsratswahlen 72 konnte manipuliert werden; im Herbst 72 wurde auch die linke Leitung des Vertrauensleutekörpers wieder abgewählt; die 200 DM-Forderung zur Tarifrunde 73 konnte von der Bezirksleitung und Tarifkommission der IG Chemie ignoriert werden. Ferner gelang es der linken Opposition nicht, die Ausschlüsse von drei aktiven Gewerkschaftern und die Funktionsverbote für acht weitere Kollegen im Frühjahr 73 zu verhindern.

Deshalb darf sich die Opposition nicht auf die Arbeit im Vertrauensleutekörper beschränken. Sie muß sich auch unabhängig von den offiziellen gewerkschaftlichen Gremien in einer gewerkschaftlichen Initiativgruppe organisieren. Nur so kann sie systematisch auf der Basis eines gemeinsamen Nenners zu einzelnen Fragen in Betrieb und Gewerkschaft Stellung beziehen, um über Betriebs- und Vertrauensleuteversammlungen, in Flug-

blättern und Betriebszeitungen umfassend ihre alternative Gewerkschaftspolitik darzustellen, damit sie als innergewerkschaftliche Fraktion ihren
aktiven Rückhalt verstärken und schließlich die offiziellen Gremien erobern kann (3).
Die Schering-Gruppe konstituierte sich, nachdem die Aufstellung der gewerkschaftlichen Kandidatenliste zur Betriebsratswahl 72 die Schwäche der
linken Vertrauensleute deutlich gemacht hatte. Die Gruppe konnte jedoch
ihre Arbeit als gewerkschaftliche Initiativgruppe erst aufnehmen, nachdem
sie sich von der KPD-Fraktion im Februar 73 getrennt hatte (4). Seitdem
trat sie mit einer eigenständigen Propaganda in der letzten Chemietarifrunde, zu Vertrauensleute- und Betriebsversammlungen, gegen Gewerkschaftsausschlüsse und zu den spontanen Streiks auf. Trotzdem hat die Betriebsgruppe in den ständigen Auseinandersetzungen immer noch nicht viel
mehr als eine Zuschauerrolle einnehmen können.
Das ist hauptsächlich darin begründet, daß der größte Teil der Belegschaft
es immer noch nicht als zwingend notwendig bzw. möglich erfahren hat,
die eigenen Interessen mit Arbeitskampfmaßnahmen durchzusetzen. So beteiligten sich z.B. an den spontanen Streiks für eine Teuerungszulage von
den über 5 000 Beschäftigten des Hauptwerkes nur etwa 300 Kollegen. Das
lag einmal an mangelnder Kampferfahrung und der völligen Unorganisiertheit der Auseinandersetzungen sowie an der Angst vor Disziplinarmaßnahmen. Zum anderen aber auch daran, daß große Teile der Belegschaft absolut noch nicht streikbereit waren.
Mit ihrer Flugblatt- und Zeitungsagitation ist es der Schering-Gruppe aber
auch noch nicht ausreichend gelungen, das Auftreten ihrer einzelnen Mitglieder am Arbeitsplatz sowie auf Betriebs- und Vertrauensleuteversammlungen vorzubereiten. Dazu ist vor allem eine intensivere Besprechung und Schulung über die aktuellen Probleme notwendig,
wobei die Probleme, die die Arbeits- und Lebenssituation der Kollegen
bedrohen (z.B. Rationalisierung und Inflation), eine zunehmende Bedeutung gewinnen werden. Nur wenn die Mitglieder überzeugend in Betrieb
und Gewerkschaft auftreten, kann die Betriebsgruppe (5) bei einer Ver-
schärfung der Auseinandersetzungen eine wichtige Rolle spielen.

6. Schering-Gruppe und politische Fraktionen

Damit die Betriebsgruppe Schering als gewerkschaftliche Initiativgruppe
wirksam arbeiten kann, muß sie ein möglichst breites Aktionsbündnis der
ohnehin noch sehr schwachen Gewerkschaftsopposition darstellen. Arbeiter
mit unterschiedlichen politischen - revolutionären und nicht revolutionären - Vorstellungen sind in ihr zusammengefaßt. Dieser Zusammensetzung
entsprechend ist die Betriebsgruppe keine revolutionäre Opposition. Sie ist
ein Aktionsbündnis auf dem kleinsten gemeinsamen Nenner: innergewerk-

schaftliche Opposition gegen die sich am Profitinteresse orientierenden Gewerkschaftsbürokraten, für eine konsequente, militante Gewerkschaftspolitik und für eine Demokratisierung der Gewerkschaften. Und auf der Basis dieses gemeinsamen Nenners versucht die Betriebsgruppe weitere Kollegen zu organisieren und in die nächsten Klassenauseinandersetzungen bei Schering zu intervenieren.

Den revolutionären Arbeitern der Betriebsgruppe fällt darüber hinaus die Aufgabe zu, zu allgemeinen politischen Fragen (zur SPD-Politik, zum bürgerlichen Staat überhaupt, zur Volksfront in Chile usw.) Stellung zu beziehen und Propaganda zu machen. Mit einer solchen politischen Propaganda müssen sie versuchen, die daran interessierten Kollegen in Betrieb und Gewerkschaft für ihre politischen Ziele zu gewinnen. An diese Aufgabe werden sie aber nur dann erfolgreich herangehen können, wenn sie über die wichtigsten Informationen zu den einzelnen politischen Fragen verfügen und durch ausreichende Diskussionen und Erfahrungen die entscheidenden theoretischen Probleme und politischen Konsequenzen wichtiger politischer Positionen kennen. Die dazu notwendigen Diskussionen und Erfahrungen können aber auf keinen Fall - zumindest nicht ausreichend - in einer in ihrer organisatorischen und politischen Perspektive beschränkten Betriebsgruppe geführt bzw. gemacht werden. Es ist darum für die revolutionären Arbeiter heute schon notwendig - soweit sie es nicht schon getan haben - sich über die Betriebsgruppe hinaus auch in einer revolutionären Organisation zu organisieren. (In welcher? Das will dabei wohl überlegt sein.)

Als Fraktion einer revolutionären Organisation haben die revolutionären Arbeiter innerhalb der Betriebsgruppe folgende Aufgaben: Einerseits die Arbeit der Betriebsgruppe auf der Basis des gemeinsamen Nenners, "militanter, innergewerkschaftlicher Opposition", mit allen Mitteln zu unterstützen und initiativ zu sein. Andererseits sollten die revolutionären Arbeiter (soweit es jeweils von den übrigen Mitgliedern der Betriebsgruppe akzeptiert wird und soweit es angesichts der in Angriff zu nehmenden Betriebs- und Gewerkschaftsarbeit als möglich oder unumgänglich erscheint) allgemeine politische Diskussionen zu politischen Ereignissen (Krieg im Nahen Osten, Bundestagswahl usw.) und zu grundsätzlichen Fragen (Gewerkschaftsfrage, Parteiaufbau usw.) anregen. Ihr Ziel muß es sein, die übrigen Arbeiter der Betriebsgruppe von ihren politischen Vorstellungen zu überzeugen und für den Aufbau eines revolutionären Kaders zu gewinnen. Dabei ist folgendes zu beachten:

a. Der Aufbau eines revolutionären Kaders und die Organisierung eines möglichst breiten Aktionsbündnisses auf der Basis "militanter, innergewerkschaftlicher Opposition" sind zu keiner Zeit alternative Aufgaben.

b. Wenn ein Kader einer revolutionären Organisation die Möglichkeit hat, in einer Betriebsgruppe mitzuarbeiten, dann darf er nicht durch seine eigene Propaganda deren betriebliche und gewerkschaftliche Agitation unterlaufen. Seine Aufgabe besteht darin, als politische Fraktion innerhalb der Betriebsgruppe dieser bei einer umfassenden g e w e r k s c h a f t l i c h e n Agitation zu helfen und dabei die eigenen Vorstellungen durchzusetzen. Gelingt ihm das nicht, dann kann er immer noch – sollte es sich um prinzipielle Differenzen in bestimmten Fragen handeln – eine selbständige Agitation zu betrieblichen und gewerkschaftlichen Fragen aufnehmen.

c. Politische Fraktionen in der Betriebsgruppe haben das Recht auf selbständige p o l i t i s c h e A g i t a t i o n . Sie haben die Aufgabe ihre politischen Stellungnahmen zu einzelnen Fragen – soweit es möglich ist – auch in der Betriebsgruppe zu diskutieren. Es ist jedoch darauf zu achten, daß das Aktionsbündnis auf der Basis "militanter innergewerkschaftlicher Opposition" nicht gesprengt wird. Nur mit Zustimmung der Betriebsgruppe können politische Stellungnahmen politischer Fraktionen in der Zeitung der Betriebsgruppe veröffentlicht werden.

d. Soweit politische Fraktionen in der Betriebsgruppe Genossen (ihrer Organisationen) zur Diskussion oder Beratung hinzuziehen, muß folgende Regelung getroffen sein: Um den Charakter der Betriebsgruppe als gewerkschaftliche Initiativgruppe oppositioneller Arbeiter in einem bestimmten Bereich (hier Schering) zu wahren, sind nur diese Arbeiter stimmberechtigt. Entscheidungen werden mit einfacher Mehrheit getroffen; aber auf der Basis des gemeinsamen Nenners der Betriebsgruppe. D.h., es kann z.B. nicht über den Parteiaufbau abgestimmt werden; wohl aber ob und wie man auf dieses oder jenes betriebliche oder gewerkschaftliche Problem eingehen soll, ob und zu welchem Zweck und Ziel man z.B. Aktionsbündnisse mit anderen Gruppen (gewerkschaftlichen oder politischen) schließen soll.

Anmerkungen:

(1) Um sich zu entschuldigen, benennen die Gewerkschaftsbürokraten zwar ebenfalls die mangelnde Kampfbereitschaft der Arbeiter; sie unterlassen jedoch alles, um eine solche Bereitschaft überhaupt erst aufkommen zu lassen.

(2) Das macht nur allzu deutlich, wie wichtig es für die revolutionäre Linke ist, eine klare sozialistische Position gegen den Stalinismus und Neostalinismus von heute zu beziehen.

(3) Um einmal einen entscheidenden Einfluß auf die Politik und personelle Zusammensetzung des Verwaltungsstellenvorstands zu bekommen, wird sich die Opposition bei Schering auch über den Betrieb hinaus organisieren müssen. Dazu wird sie im Bereich der Westberliner Chemieindustrie langfristig den Aufbau einer Branchengruppe anstreben müssen.

(4) siehe: Vorwort (Abschnitt 3) dieses Bandes.

(5) Der Betriebsgruppe gehören zur Zeit neben linken Gewerkschaftern, die sich noch keiner bestimmten Fraktion der Linken angeschlossen haben, noch Genossen von KB/Nord, SB und SAG an.

III. DIE GEWERKSCHAFTSFRAGE UND DIE GEGENWÄRTIGEN AUFGABEN DER REVOLUTIONÄREN LINKEN

1. Vorbemerkung

Von der Entwicklung einer richtigen Gewerkschaftspolitik als einem wesentlichen Element einer revolutionären Klassenkampfstrategie wird es entscheidend abhängen, ob die revolutionäre Linke in Westdeutschland ihre heutige Isolation durchbrechen und sich mit den bewußtesten Teilen der Arbeiterklasse zum Kern einer neuen revolutionären Arbeiterpartei verschmelzen kann. Dabei stellt sich der revolutionären Linken folgendes Problem: Ihre Isolation ist nicht etwa Ausdruck davon, daß eine existierende, im Grunde klassenbewußte Arbeiterbewegung lediglich von SPD und Gewerkschaftsbürokratie irregeführt und verraten wird, so daß es nur noch darum ginge, die Sozialdemokratie politisch zu entlarven, um sich damit selbst schon als alternative Führung zu qualifizieren. Vielmehr finden die Klassenauseinandersetzungen heute – bedingt durch einen niedrigen Bewußtseinsstand der westdeutschen Arbeiterklasse – hauptsächlich auf der niedrigsten ökonomischen Ebene statt, nämlich im Betrieb und in der Branche. Nur selten hatten die Klassenkämpfe im letzten Jahrzehnt politischen Charakter. Das war der Fall beim Kampf gegen die Verabschiedung der Notstandsgesetze 1968 und gegen die Regierungsübernahme durch die CDU/CSU April 1972. Deshalb wird auch die heute schon notwendige umfassende politische Propaganda gegen die Sozialdemokratie nur von sehr wenigen Arbeitern als richtig verstanden werden können. Die Masse der Arbeiterklasse wird zunächst noch in schärferen Klassenauseinandersetzungen die Erfahrung machen müssen, daß sozialdemokratische Politik ihre grundsätzlichen Interessen nicht durchsetzen kann. Erst wenn die Masse der in den Gewerkschaften organisierten Arbeiter in Konflikt mit ihrer sozialdemokratischen Führung in Partei und Gewerkschaft gerät, werden auch größere Teile der Arbeiterklasse die revolutionäre Kritik an der SPD und dem bürgerlichen Staat nachvollziehen und in einer revolutionären Arbeiterpartei, die für den Aufbau des Sozialismus kämpft, eine Alternative sehen können.

2. Ursachen des Fehlens von Klassenbewußtsein

Es kann davon ausgegangen werden, daß die über 20-jährige Wachstumsphase des westlichen Kapitalismus tiefe Lücken in das ehemals von Sozialdemokratie und stalinistischen Arbeiterorganisationen getragene und durch diese Organisationen formulierte Klassenbewußtsein gerissen hat. Dies gilt für die BRD noch in höherem Maße als für die vergleichbaren westeuropäischen Länder, da
1. viele klassenbewußte Kader bereits durch den Faschismus vernichtet wurden,

2. die Wachstumskurven für Westdeutschland geradliniger und steiler verliefen (d.h. die Arbeiterorganisationen brauchten meist nur zu drohen, um vom konzessionsfähigen Kapital Reformen abzuverlangen) und
3. der Antikommunismus als ideologische Waffe der Bourgeoisie aufgrund der geographischen und politischen Nähe des Stalinismus wirksamer war als anderswo.

Entscheidend für die weitere Entwicklung waren schon die ersten Jahre nach dem Zusammenbruch des Faschismus. Die objektive Rolle der Gewerkschaften in den ersten Nachkriegsjahren läßt sich so zusammenfassen: Sie dienten dem amerikanischen Imperialismus als Transmissionsriemen zur Durchsetzung seiner Interessen. Diese Interessen bestanden darin, in Westdeutschland das kapitalistische System wieder aufzubauen und die BRD als eine wichtige Kraft in die "Roll-Back-Strategie" des Kalten Krieges gegen die UdSSR einzubauen. Diese Interessen deckten sich natürlich mit denen der alten deutschen Kapitalistenklasse.

Aufgrund ihres Einflusses auf die antikapitalistisch gestimmten Arbeitermassen waren die Gewerkschaften die wichtigsten innenpolitischen Organe zur Durchsetzung dieser Politik. Der organisierte und interessierte Träger dieser Politik war die sozialdemokratische Gewerkschaftsbürokratie.

Daß sie diese Politik durchsetzen konnte und die notwendigen Widersprüche dieser Politik (begrenzte Mobilisierung für ökonomische Forderungen unter Hungerbedingungen und widersprüchliche 'sozialistische Mitbestimmungspropaganda') nicht revolutionär ausgenutzt werden konnten, hatte zwei entscheidende Voraussetzungen:
1. Die Betriebsrätebewegung nach dem Faschismus war keine genuine Rätebewegung, die sich aus dem Kampf gegen das Kapital entfaltet hatte. Sie war nicht in der Lage, die tatsächliche Organisation der Produktion, die sie vielerorts übernahm, aus eigener Kraft zu einer koordinierten revolutionären Strategie zu entfalten. Die Betriebsrätebewegung war praktisch kaum mehr, als eine Vorform der sich schnell reorganisierenden Gewerkschaften und konnte deshalb relativ leicht in die reformistische Mitbestimmungsstrategie der Gewerkschaftsbürokratie integriert werden.
2. Der entscheidende Faktor, der das möglich machte und der die gesamten Arbeitermassen der Politik der Gewerkschaftsbürokratie (und der SPD) preisgab, war das Fehlen einer revolutionären antistalinistischen und antikapitalistische Avantgardepartei. Die stalinistische Volksfronttaktik der ersten Nachkriegsjahre konnte natürlich keine sozialistische Perspektive für die Arbeiterklasse eröffnen, sondern nagelte sie höchstens auf ihrem antifaschistischen Bewußtsein fest. Als sich dann als Folge der imperialistischen amerikanischen Strategie die Ausbeutungs- und Unterdrückungspolitik der russischen Bürokratie in den Satellitenländern verschärfte, wurde jede sozialistische Alternative tödlich diskreditiert. Jede Radikalisierung der ökonomischen Kämpfe hätte zur Konfrontation mit den USA geführt,

deren Legitimität als antifaschistischer Befreier nur deshalb nicht ins Wanken geraten konnte, weil die Arbeitermassen keine klare sozialistische Perspektive mehr sehen konnten.

Die rigorose Ausschaltung der KP-Kader aus den Gewerkschaften und aus den Betriebsräten, die auf keinen Widerstand der Arbeiter traf, zeigte deutlich genug, wie unmittelbar Politik und Ökonomie verbunden waren. Es half den Kommunisten absolut nichts, daß sie die härtesten und besten Vertreter materieller Interessen der Arbeiter in den Betrieben oder in den Gewerkschaften waren. (Es hätte ihnen z.B. absolut nichts geholfen, wenn sie Lohndifferenzierungen bekämpft hätten...) Da sie politisch abgelehnt wurden, wurden sie auch nicht politisch verteidigt!

Auf dieser politischen Basis konnten die Arbeiter über Mitbestimmungsillusionen und Konzessionen abgewiegelt werden und es gelang der Abbau ihrer betrieblichen Machtpositionen.

Die politischen Voraussetzungen für die reibungslose Akkumulation des Kapitals waren damit geschaffen. Die Hauptspaltung der Arbeiterklasse verlief keineswegs über Lohndifferenzierungsmaßnahmen des Kapitals. Sie verlief in und außerhalb der Betriebe zwischen KPD- und SPD-Arbeitern und sie bezog sich auf umfassende politische Ideologien.

Daß es auch in Zukunft zu keiner Entfaltung ökonomischer Kämpfe kam, hing mit dieser Entwicklung zusammen. Die KP-Kader waren abgemeldet und die Expansion des Kapitals auf dem Rücken der Arbeiter politisch legitimiert.

Die im Rahmen der internationalen Rüstungskonjunktur und der gleichzeitig international starken ökonomischen Position des westdeutschen Kapitals (niedrige Rüstungslasten, niedrige Löhne, vom Faschismus überkommene hochentwickelte weltmarktgünstige Industriestruktur...) ermöglichte bei gegebenen politischen Bedingungen ein enormes Wachstum des westdeutschen Kapitalismus, das ab Mitte der 50iger Jahre bis Mitte der 60iger für die Arbeiterklasse eine Phase kampflos gewonnener Reformen brachte.

Die langanhaltende Wachstumsphase des Kapitals hat zu einer einschneidenden Veränderung des Verhältnisses der Arbeiterklasse zu ihren politischen (SPD, KPD) und ökonomischen Organisationen (Gewerkschaften, Betriebsräte) geführt. Die SPD hat vieles von ihrem früheren Charakter einer reformistischen Arbeiterpartei verloren. Wesentliche Sozialreformen wurden entweder (wie die Rentenreform, Lohnfortzahlung im Krankheitsfall für Arbeiter) durch CDU-Regierungen gewährt, oder aber in den 60iger Jahren überhaupt nicht mehr über das Parlament gewonnen. Die SPD konnte weder in der großen Koalition mit der CDU noch bisher in der kleinen mit der FDP soziale Reformen durchsetzen, die für die gesamte Klasse spürbar geworden wären. Im Gegenteil: die Einkommensplanung (Konzertierte Aktion) - realisierbar nur durch Regierungsbeteiligung der SPD - stellte einen Angriff auf die Klasse dar.

Auf der politischen Ebene bedeutete dies: wachsende Entfremdung der Ar--
beiterbasis von der SPD nicht durch politische Radikalisierung, sondern
durch "Privatisierung", d.h. Entpolitisierung dieser Basis. Dem entsprach
ein rapider Schrumpfungsprozeß der SPD: 1947 besaß sie in den 3 West-
zonen und Westberlin 875 000 Mitglieder, 1950 waren es 683 000 und bis
1954 sank der Mitgliederstand auf 585 000 ab. Zu beachten ist, daß dem
keineswegs ein Anwachsen links von der SPD stehender Organisationen entsprach, wie das gegen Ende des 1. Weltkrieges der Fall gewesen war. Im
Gegenteil: schon vor dem Verbot von 1956 hatte die KPD über 2/3 ihrer
Mitglieder aus der unmittelbaren Nachkriegszeit verloren. Allein in Nord-
rhein-Westfalen hatte die KPD 1946/47 über 50 000 Mitglieder, 10 Jahre
später entsprach das nahezu dem aktiven Restbestand in der gesamten BRD.
Die wenigen Arbeiterkader, die nach den Bundestagswahlen 1957 noch in
der SPD aktiv waren, zogen sich in den folgenden Jahrens ins Privatleben
oder in gewerkschaftliche Aktivitäten der Betriebsräte und Vertrauensleute
zurück. Die SPD-Bürokratie nützte und verstärkte ihrerseits diesen Verlust
an Kontrolle von unten noch, indem sie damals die schon sehr geschwäch-
te Opposition in der Partei kurz nach dem Godesberger Parteitag 1959 aus-
schaltete, um den reformistischen Ballast der Vergangenheit über Bord zu
werfen. Die SPD wollte von nun an nicht mehr als Klassenpartei der "arbeitenden Menschen" erscheinen, sie wollte nach dem Vorbild der CDU/
CSU eine - allerdings 'linke' - Volkspartei sein. Das war verbunden mit
der Preisgabe jener scheinhaften antikapitalistischen Opposition, wie
sie vor allem in der Forderung nach Verstaatlichung der Schlüsselindustrien,
nach wirtschaftlicher Planung, in der Kritik der Wiederaufrüstung, der ato-
maren Bewaffnung der Bundeswehr und dem Beitritt zur NATO zum Ausdruck
gekommen war. Das Godesberger Programm war ein klares Bekenntnis zur
"freien" Marktwirtschaft, zur Landesverteidigung und zum Kapitalismus
allgemein - auch wenn die Partei es immer noch vorzog vom "demokratischen Sozialismus" zu reden.
Die SPD hatte damit aufgehört, im strengen Sinn des Begriffes eine reformistische Arbeiterpartei zu sein - soweit sich der Reformismus jemals
strengen Begriffen gebeugt hat. Im Unterschied zur CDU kontrolliert sie
aber heute noch nahezu die gesamte westdeutsche Arbeiterbewegung. Die
große Mehrheit der Betriebsräte und Vertrauensleute wird ebenso wie der
gesamte Gewerkschaftsapparat von sozialdemokratischen Parteimitgliedern
kontrolliert. Die sozialdemokratischen Betriebsrats-Vorsitzenden und Ge-
werkschaftsvorstände besitzen auch heute noch ein hohes Maß an Partei-
loyalität. Gewerkschaften und Betriebsräte wirken als Transmissionsriemen
der SPD innerhalb der Arbeiterklasse. Das hat bisher ausgereicht, um
Reste eines traditionell übermittelten Solidaritätsgefühls gegenüber der
Partei zu erhalten und zu erneuern. Die Masse der gewerkschaftlich organisierten Arbeiterschaft sieht auch heute noch in der SPD ihre politische
Vertretung. Daher bleibt die SPD ein zentrales Hindernis für den Aufbau

einer neuen proletarischen Partei.

Auf der gewerkschaftlichen Ebene waren die Ergebnisse nicht so spekta-
kulär, dennoch deutlich genug. Tarifverhandlungen konnten bürokratisch,
d.h. ohne die Einschaltung der Basis geführt werden und trotzdem spürbare Reformen bringen (Arbeitszeitverkürzung, Urlaubsverlängerung, Lohnerhöhungen, usw.). Die Gewerkschaften verloren dadurch als Kampforga-
nisationen der Arbeiter immer mehr an Bedeutung. Diese Tendenz kam in
den profitträchtigen Konzernen am stärksten zum Ausdruck. Hier fiel für
die Arbeiter immer auch zusätzlich etwas ab, nämlich beträchtliche aus-
sertarifliche Lohnerhöhungen, die die Tariflöhne weit hinter sich ließen.
Da die außertariflichen Bezüge zwischen den Unternehmensleitungen und
den "verhandlungsgeschickten", d.h. kollaborierenden Betriebsräten abgeschlossen wurden, verloren in diesen Bereichen die Gewerkschaften noch
mehr an Bedeutung, was wiederum den Einfluß der korrumpierten Betriebsräte in den gewerkschaftlichen Organisationen stärkte. Trotzdem ist die
Loyalität der Mitglieder zur Organisation zumindest als passiver stärker
in den Gewerkschaften erhalten geblieben als in der SPD. Die Früchte,
die durch bürokratische Verhandlungen zwischen Unternehmerverband oder
Unternehmensleitung und gewerkschaftlicher Tarifkommission und Betriebsräten (die in der Regel als gewerkschaftliche Funktionäre immer auch die
Gewerkschaft im Betrieb repräsentieren) den Arbeitern kampflos in den
Schoß fielen, waren nicht zu übersehen.

Die Bürokratisierung der Gewerkschaften und Betriebsräte ist aber nicht
nur, ja nicht einmal hauptsächlich als Folge des Verrats der SPD-Führung
zu begreifen, sondern ist ebenso Resultat wie Ursache einer tiefgreifen-
den Entpolitisierung und Atomisierung der Arbeiterklasse. Die entscheidende Ursache dieses Atomisierungsprozesses ist die Tatsache, daß eine ange-
spannte Arbeitsmarktlage auf dem Hintergrund der Diskreditierung jeder
Form von Klassenkampf durch den Antikommunismus bzw. den Stalinismus
der DDR den Arbeiter zu "privaten" Verhaltensweisen herausgefordert
hatte. Er streikte nicht, sondern drohte den Arbeitsplatz zu wechseln.
Das genügte oft (nicht immer), um das Management konzessionsbereit zu
machen. Diese individuelle "Lösung" war möglich, da das Kapital aufgrund der Vollbeschäftigung einen Konkurrenzkampf um Arbeitskräfte führte.

3. Neue Entwicklungstendenzen

Die ökonomischen Voraussetzungen der oben dargestellten Entwicklung
waren: hohe Akkumulationsraten des Kapitals. Seit einigen Jahren be-
ginnt die Stabilität des Kapitalismus Risse aufzuweisen. Sinkende Wachs-
tumsraten, Stagnationstendenzen, zunehmende internationale Konkurrenz,
Krisen ganzer Regionen mit vorwiegend "alten" Industrien, internationale
Währungskrisen - das sind die Symptome. Das bedeutet nicht, daß ein
Zusammenbruch im Ausmaß der 30iger Jahre bevorsteht. Aber auch in der

BRD ist die Rezessionsgefahr gestiegen. Die herrschenden Klassen reagieren nervöser, verunsichert, auf geringfügige Anzeichen des Widerstandes. Systematischer und konsistenter als früher versuchen sie mit Hilfe der staatlichen Einkommensplanung Lohnforderungen politisch zu kontrollieren (in der BRD seit der Rezession 66/67).

Auf der Unternehmensebene und in Arbeitgeberverbänden ist der Widerstand gegen Lohn- und andere gewerkschaftliche Forderungen stärker geworden. In der Boom-Phase fast selbstverständliche Zugeständnisse können mit den bisherigen Mitteln (bürokratische Tarifverhandlungen, Arbeitsplatzwechsel) nicht mehr so leicht durchgesetzt werden. Die Septemberstreiks 1969 waren notwendig, um nach fast 3-jähriger Stagnation der Reallöhne eine Welle außertariflicher und tariflicher Lohnerhöhungen auszulösen. Aufgrund des hohen Bürokratisierungsgrades der Gewerkschaften brach der Kampf in den Septemberstreiks explosionsartig aus, an den gewerkschaftlichen Organisationen vorbei. Aber trotz ihrer Form als "wilde" Streiks, in denen es oft zum Zusammenstoß mit der Gewerkschaftsbürokratie kam, markierten diese Kämpfe in Westdeutschland den B e g i n n e i n e r R e a k t i v i e r u n g g e w e r k s c h a f t l i c h e n B e w u ß t s e i n s. Zum Konflikt kam es nicht deshalb, weil die Streikenden über ein bloß trade-unionistisches Bewußtsein zu einem im Ansatz schon revolutionären vorstießen, sondern gerade weil sie ein gewerkschaftliches Solidaritätsbewußtsein entwickelten und die Gewerkschaften ihre Aufgaben nur sehr partiell und unvollkommen erfüllten. Es handelte sich um ökonomische Streiks, die zwar auch politische Implikate hatten, die aber von der Masse der Streikenden nicht bewußt nachvollzogen wurden. Diese kämpfte für eine spürbare Anhebung der stagnierenden Reallöhne, nicht aber zugleich auch gegen die Regierung, die den Reallohnstopp im Interesse der Bourgeoisie plante und ihn mit Hilfe der Schillerschen "Konzertierten Aktion" auch weiterhin durchzusetzen versuchte, wenngleich der Kampf Regierung und Bourgeoisie einen Strich durch die Rechnung machte.

Die Gewerkschaftsbürokratie selbst reagiert widersprüchlich auf diese neue Bewegung. Sie ist einem doppelten Druck ausgesetzt: Dem von Regierung und Unternehmern, die auf "Verstaatlichung" der Gewerkschaften drängen (durch die Einschränkung der Tarifautonomie), und dem Druck, der durch vom Apparat unkontrollierbare, nicht vorgesehene Kämpfe ausgeht. Beides läßt das Verhalten der Gewerkschaftsbürokratie nicht unberührt.

Teile des Apparates fühlen sich stark genug - wie z.B. die IG Bergbau im September 1969 - frontal gegen die Streikenden anzutreten. Andere Teile ziehen es vor, mit dem Strom zu schwimmen, wenn auch nur, um ihn besser lenken zu können. So forderte z.B. die IG Metall eine Erhöhung der Tariflöhne um 14%, nachdem die Arbeiter von Hoesch und anderer Stahlbetriebe im Ruhrgebiet im Septemberstreik ihren Kampf um 30 Pfg. Übertarif aufnahmen. Die Gewerkschaftsbürokratie bewegte sich also auf der Linie der Streikenden (wenn auch aus dem Motiv, die Streikbewegung unter Kontrolle zu bringen). Deshalb lag übrigens der Fehler der Streikenden in einer Reihe von Stahlbetrieben nicht darin, daß sie auf ihre übertarifliche Forderung verzichteten, sondern an einer anderen Stelle: statt die Streikbewegung abzubrechen, nachdem die 14 %-Forderung der IGM-Spitze bekannt gegeben wurde, hätte der Streik um die Durchsetzung dieser 14 % bis zum erfolgreichen Tarifabschluß weitergeführt werden müssen. Dadurch hätte sich die gesamte Streikbewegung im Stahlbereich ein allgemeineres überbetriebliches Ziel gesetzt: Nur so hätte man auf eine zentrale Demonstration im Ruhrgebiet am Tag der Tarifverhandlungen hinsteuern können, um damit zu verhindern, daß die IGM-Spitze das Heft in die Hand bekam. Ob ein Solidarisierungseffekt durch eine solche Überführung der betriebsspezifischen Streiks um übertarifliche Löhne in eine allgemeine Streikbewegung zur Erhöhung der Tariflöhne entstanden wäre, ist im nachhinein schwer abzuschätzen. Auf jeden Fall wäre dies die einzige Alternative gewesen, die die Möglichkeit einer Verallgemeinerung der Streikbewegung quantitativ und qualitativ eröffnet hätte. So haben die Hoesch-Arbeiter während ihrer Auseinandersetzung mit ihrer Unternehmensleitung in keiner Weise das Schwergewicht der IGM-Bürokratie zu spüren bekommen, sondern nur gespürt, wie die IGM ihrem Druck nachgab. Die Bergarbeiter von Dortmund dagegen, die sich nach Abschluß eines schlechten Tarifvertrags an die Gewerkschaft wandten und durch Streik eine Wiederaufnahme der Verhandlungen erzwingen wollten, haben - gewollt oder ungewollt - eine schärfere Konfrontation zwischen Streikenden und Bürokratie herbeigeführt. Die Tendenz der Gewerkschaftsbürokratie, dem Druck der sich aktivierenden Basis nachzugeben, kam auch nach den Septemberstreiks zum Ausdruck, z.B. in höheren Lohnforderungen. Dadurch wurde nicht zuletzt auch das sich bis dahin reibungslos gestaltende Verhältnis SPD-Regierung - Gewerkschaften mit "angemessenen" Lohnforderungen gestört. Wie sehr dieses Verhältnis durch eine wachsende militante Basis in der IGM gestört wurde, ist z.B. aus den Äußerungen des Bezirksleiters der IGM Hamburg, Heinz Scholz, zu ersehen, der in Bremen der Presse gegenüber sich für die Forderungen der Tarifkommission damit entschuldigte: "Ich lehne die Abstinenz auf Lohnerhöhungen ab, denn sonst verzichten wir auf Mitglieder und können den Laden dichtmachen." (1) Um einen Ausbruch von neuen "wilden" Streiks zu verhindern, um weder Mitglieder noch Kontrolle über dieselben zu verlieren, stellte die IGM in den folgenden Tarifrunden nicht zu niedrige Forderungen.

Es zeigte sich, daß die IGM 1970 auf den Druck aus den Betrieben hin zum ersten Mal vor dem offiziellen Beginn der Tarifrunde eine Diskussion über die Forderungen führte. Vertrauenskörper und Vertreterversammlungen wichtiger Bereiche traten mit Forderungen zwischen 15 und 20 % an den Vorstand heran. Zwar handelte dieser die Forderungen - bis auf die der Klöckner-Arbeiter auf 15 % herunter, trotzdem bedeutete

das aber: der Vorstand beugte sich den Interessen der Mehrheit der Metaller. Für die Klöckner-Arbeiter, die sich in den Septemberstreiks am
militantesten zeigten und schon 20 % verlangten, war die IGM-Führung
bereit, 18 % zu fordern. In der Tarifrunde 1971 lautete die Forderung
11 % und 15 % für Klöckner.
Die Tarifrunde 1970 in der Metallindustrie brachte schon nach wenigen
Warnstreiks Abschlüsse, die im Schnitt sehr hoch lagen. Das Kapital war
zahlungsfähig und bereit, den Gewerkschaften zu helfen, ihren verlorenen Kredit bei den Mitgliedern wieder aufzubessern. Anders 1971: Das
Kapital, dessen Profite mittlerweile zum Teil stagnierten bzw. sanken.
verließ sich nicht mehr gänzlich auf den Einfluß der SPD und Gewerkschaftsführung auf die Arbeiter, da dieser aufgrund der vorangegangenen
Kämpfe und wachsenden Inflation weniger erfolgversprechend schien. Es
wollte den Arbeitern eine Lektion erteilen. Es drohte mit Arbeitslosigkeit und schlug in der Metallindustrie mit seinem bundesweiten 4,5 %
Angebot eine Konfrontationsstrategie ein. In dieser Situation geriet die
Gewerkschaftsbürokratie in ihrer Funktion als Vermittlungsagent zwischen
Kapital- und Arbeiterinteressen in handfeste Schwierigkeiten, denn die
Interessengegensätze hatten sich verschärft: hier sinkende Profite - dort
spürbar gewordene Inflation. In dieser Klemme war das Ziel der Taktik
der Gewerkschaftsführung: Reallohnstopp akzeptieren, aber Gesicht vor
den Mitgliedern wahren. Die Offensive der Unternehmer konnte deshalb
nicht kampflos hingenommen werden. Dafür sollte aber der Kampf auf
so kleiner Flamme gehalten werden, daß der Reallohnstopp als "Stabilitätsbeitrag" der Gewerkschaftsbürokratie für das Kapital durchkam. Für
die Metalltarifrunde bedeutete das, daß die IGM-Spitze den Streik auf
Baden-Württemberg begrenzte, obwohl der Arbeitgeberverband Metall den
Kampf auf das gesamte Bundesgebiet einschließlich Westberlin durch Aus-
sperrungsmaßnahmen ausdehnte. Der Tarifabschluß mußte, da die IGM-
Führung es unterließ bzw. sich weigerte die Kampfmaßnahmen ebenfalls
in allen übrigen Tarifbezirken zu organisieren, entsprechend niedrig aus-
fallen. Mit einem Abschluß über 7,5 % bei 15 Monaten Laufzeit "kapi-
tulierten" die Bürokraten vor den Kapitalisten. Damit hatte sich die
IGM-Führung jedoch noch keineswegs vor den Arbeitern gänzlich unmöglich gemacht. Den meisten Arbeitern war das Argument, das die
Bürokraten für die Begrenzung des Streiks anführten, daß nämlich Baden-
Württemberg der Bezirk mit den größten Kampferfahrungen und den geringsten Krisenerscheinungen sei, so daß, wenn überhaupt irgendwo was
herauszuholen sei, es nur dort möglich wäre, sicherlich plausibel.

4. Revolutionäre Gewerkschaftspolitik heute

a. Alternative Verbände sind weder notwendig noch möglich
Im Metallbereich hat es sich bisher wohl am deutlichsten gezeigt, daß
die Gewerkschaftsführung dazu gezwungen ist, dem Druck einer wachsen-

den kampfbereiten Basis ab einem gewissen Punkt in irgendeiner Form nachzugeben, wenn sie nicht die Kontrolle über die organisierten Arbeiter verlieren will. Wie stark allerdings der Druck der Basis sein muß, um die Bürokratie zum Nachgeben zu zwingen, das hängt immer auch vom Widerstand des Kapitals gegen Lohnforderungen ab. Dieser ist in den letzten Jahren aufgrund der sich verschärfenden Konkurrenz auf dem Weltmarkt gewachsen. Deshalb wäre z.B. in der letzten Metalltarifrunde, im Winter 1972/73, ein noch härterer Druck seitens der Metallarbeiter notwendig gewesen, um die Gewerkschaftsspitze zur Organisierung von Kampfmaßnahmen gegen den von Kapitalisten und SPD/FDP-Regierung geplanten Reallohnabbau zu bewegen. (2)

1971 zumindest sah sich die IGM-Führung gezwungen, in Baden-Württemberg einen Streikkampf zu organisieren; wenn auch nach langem Zögern. Das war zum einen für die Gewerkschaftsspitze die einzige Möglichkeit, um – ohne vor der Mehrheit der Metaller das Gesicht zu verlieren – den Reallohnstopp durchsetzen zu können. Zum anderen bot sich aber der innergewerkschaftlichen Opposition jetzt die Gelegenheit, die IGM-Führung anhand ihrer Streikstrategie zu entlarven, dadurch den eigenen Einfluß zu stärken und eventuell eine Ausdehnung der Kampfmaßnahmen über einen Bezirk hinaus durchzusetzen. Nun, wie wir wissen, war die linke Opposition noch zu schwach, um die IGM zu einer Ausdehnung des Streiks zu zwingen. Trotzdem kann kein Zweifel daran bestehen, daß eine ganze Reihe von Arbeitern, denen zunächst die Argumente für die Begrenzung des Streiks einleuchteten, mittlerweile die Ursache ihrer Niederlage in eben dieser Begrenzung erkannten. Auf diese Arbeiter wird sich die Opposition in den kommenden Auseinandersetzungen mit der Gewerkschaftsführung gewiß zunehmend stützen können.

Natürlich wird die sozialdemokratische Gewerkschaftsspitze versuchen, die linke Opposition auszuschalten; sie wird ihre Machtmittel umso heftiger gegen die Opposition einsetzen, je mehr deren Einfluß wächst. Beispiele dafür gibt es heute schon genug: Ausschlüsse von Gewerkschaftsoppositionellen z. B. bei Klöckner, Daimler-Benz usw. Dadurch mag die linke innergewerkschaftliche Opposition zunächst wichtige Wortführer und innergewerkschaftliche Positionen verlieren. Jedoch wird die Bürokratie durch ihre Maßnahmen überall dort, wo diese sich schon auf eine stärkere kampfbereite Basis stützen konnte, bei immer mehr Arbeitern das Vertrauen verlieren, während im gleichen Maße der Einfluß der Opposition zunehmen wird. Das wiederum wird es der Bürokratie immer schwerer machen, die Durchsetzung der Forderungen einer militanten Basis zu verhindern.

Aus diesem Grunde besteht keine Notwendigkeit, die unter sozialdemokratischer Führung stehenden Gewerkschaften durch neue, nicht reformistische Organisationen zu ersetzen. Eine solche Konzeption wurde und wird noch von Teilen der revolutionären Linken vertreten und zwar in unterschiedlichen Versionen.

Nach den Septemberstreiks 1969 war die "Selbstorganisation der Arbeiter" ziemlich populär. Die "wilden" Streiks, so glaubten Teile des SDS damals, hätten die Richtigkeit dieser Konzeption bewiesen. Indem die Arbeiter sich in ihrem Kampf für ihre unmittelbaren Interessen unabhängig von der reformistischen Führung organisierten, hätte er - revolutionäre Tendenzen in sich tragend - den Rahmen des bloß gewerkschaftlichen gesprengt. Die Arbeiter seien tendenziell zu revolutionären Bewußtseinsformen vorgestoßen und hätten die Gewerkschaften links liegen lassen. (3) Diese "Loslösung" vom Gewerkschaftsreformismus soll nach einem heute wieder etwas moderneren Konzept nicht durch die Selbstorganisation der Arbeiter, sondern durch den Aufbau revolutionärer Parallelverbände unter Führung einer kommunistischen Partei organisiert werden. Es handelt sich bei diesem Konzept um den Aufbau der "revolutionären Gewerkschaftsopposition". Die RGO soll zu gegebenem Zeitpunkt, wenn sie eine beträchtliche Anhängerschaft gewonnen hat und die reformistische Führung alle gewerkschaftlichen Kämpfe blockiert und jede Opposition ausschaltet, als selbständiger Gewerkschaftsverband unter kommunistischer Führung auftreten. Indem die RGO keine Rücksichten auf die Erhaltung und Entwicklung des kapitalistischen Systems nimmt, soll der gewerkschaftliche Kampf in ihrem Rahmen zum politischen Kampf gegen das System ausgedehnt werden. (4)

So unterschiedlich diese beiden Konzepte sind, eines haben sie gemeinsam: Sie setzen beide voraus, daß die Arbeiter, sobald sie in einen Widerspruch zur reformistischen Gewerkschaftslinie geraten, schon mit dem Reformismus gebrochen hätten, und zwar insoweit, als die Verfechter der "Selbstorganisation" glauben, "wild"streikende Arbeiter seien schon tendenziell revolutionär und die Verfechter der RGO annehmen, "fortschrittliche" Arbeiter würden es ganz gewiß auch einmal mit der "revolutionären Opposition" versuchen.

Das Problem ist aber nun, daß die Arbeiter, die sich im September 69 selbst organisierten, trotz aller Wünsche und Hoffnungen revolutionärer Intellektueller eben nicht zu revolutionären Bewußtseinsformen vorgestoßen sind. Die Streiks wurden von einem sich wieder entwickelnden gewerkschaftlichen Solidaritätsbewußtsein getragen. Da sich das Verhalten von Teilen der Bürokratie gegenüber den streikenden und kampfbereiten Arbeitern änderte, wurde die Gewerkschaft in den meisten Betrieben nicht als Hindernis, sondern eher als Stütze empfunden, indem sie durch Eröffnung von Tarifverhandlungen den Lohnforderungen entgegenkam. Ein über den unmittelbaren Streik hinausgehendes aktives Bedürfnis nach außergewerkschaftlicher Selbstorganisation entstand deshalb kaum. Wohl aber wurden noch bestehende, aber passive Loyalitäten zur Gewerkschaft neu aktiviert. Genau aus diesem Grunde mußte bisher nicht nur auf die Selbstorganisation der Arbeiter unter nicht-refor-

mistischer Flagge vergeblich gewartet werden, sondern muß auch
der Versuch, heute eine kampffähige RGO aufzubauen, scheitern.
Solange die Arbeiter aufgrund der ökonomischen Bedingungen nicht unbedingt gezwungen sind, für ihre unmittelbaren ökonomischen Interessen
zu kämpfen, bzw. solange sie den dazu notwendigen Kampf noch im
Rahmen der reformistischen Verbände einigermaßen erfolgreich organisieren können, solange werden sie kaum die Notwendigkeit sehen, sich
revolutionär zu organisieren, sei es durch Selbstorganisation oder unter
kommunistischer Führung. Erst unter Krisenbedingungen werden immer
breitere Schichten des Proletariats die Grenzen des Reformismus erkennen können. Ob diese dann gleichermaßen die Notwendigkeit des revolutionären Kampfes erkennen werden, wird vor allem von der Politik
der Kommunisten abhängen. Auf alle Fälle wäre auch unter diesen Bedingungen der Versuch, die bestehenden Gewerkschaften durch nicht-
reformistische Verbände zu ersetzen, um dem proletarischen Kampf eine
revolutionäre Wende zu geben, eine völlig falsche Politik. (5)

b. Bedeutung und Charakter inoffizieller Gewerkschaftsgremien und
   -komitees
Das soll nicht heißen, daß es falsch wäre, wenn sich die innergewerkschaftliche Opposition auch unabhängig von den offiziellen gewerkschaftlichen Gremien, z.B. in Initiativgruppen auf Betriebs- oder Verwaltungs-
stellenebene organisieren würde. Im Gegenteil: überall, wo sich eine
schon herausgebildete linke Opposition noch auf keine Basis in Betrieb
und Gewerkschaft stützen kann und es der Bürokratie deshalb noch möglich ist, ungestraft entweder direkt gegen die Opposition vorzugehen
oder diese einfach zu ignorieren, wäre die Zusammenfassung der Gewerkschaftsopposition ein wichtiger organisatorischer Schritt. Dadurch würde
es ihr möglich sein, in Flugblättern und Betriebszeitungen, in Betriebs-
und Vertrauensleuteversammlungen ihre alternative Gewerkschaftspolitik
umfassend darzustellen, um sich so einen aktiven Rückhalt zu schaffen.

Damit kein Mißverständnis entsteht: Eine unabhängige gewerkschaftliche
Initiativgruppe würde sich grundsätzlich von einem organisatorischen Kern
einer alternativen, nicht reformistischen (d.h. "roten") Gewerkschaftsorganisation unterscheiden: und zwar im Hinblick auf die politische Zusammensetzung, auf Zweck und Ziel und auf die Dauer ihrer Notwendigkeit.
Im Gegensatz zum organisatorischen Kern eines nicht reformistischen Verbandes sollte eine Initiativgruppe nach Möglichkeit alle militanten Arbeiter, gleich ob schon revolutionär oder noch reformistisch, zusammenfassen. Innerhalb einer Initiativgruppe sollten revolutionäre Kader arbeiten können; sie wäre jedoch als informell organisierte innergewerkschaftliche Fraktion nicht einflußreicher als ein revolutionärer Kader,

wenn sie organisatorisch nicht viel breiter sein würde als dieser. Zweck einer Initiativgruppe wäre es nicht, einen Rückhalt in Betrieb und Gewerkschaft zu schaffen, um so den Aufbau alternativer Verbände vorantreiben zu können. Ihr Ziel wäre vielmehr, die Voraussetzungen zur Eroberung der offiziellen Gremien in Betrieb und Gewerkschaft durch die linke Opposition zu schaffen. Wenn die linke Opposition, auf eine wachsende militante Basis gestützt, ihre alternative Gewerkschaftspolitik als Fraktion innerhalb der offiziellen Gremien schließlich durchsetzen kann, würde die Notwendigkeit der Initiativgruppe wieder entfallen. Diese wäre somit nur solange notwendig, bis es gelingt, den Betriebsrat, den Vertrauensleutekörper und die Verwaltungsstelle unter Kontrolle zu bringen und dafür zu sorgen, daß die gewählten Gremien nach der Wahl den Arbeitern gegenüber rechenschaftspflichtig bleiben. Damit ist nicht jede gewerkschaftlich inoffizielle Organisation überflüssig geworden. Auf einer höheren Ebene der Klassenauseinandersetzungen können z.B. überbetriebliche Kampfausschüsse, nationale Kampfleitungen oder eine neue Betriebsrätebewegung wichtige Stützpunkte der Opposition gegen die Gewerkschaftsbürokratie sein.

c. Grenzen inoffizieller Kampfkomitees

Eine von militanten Arbeitern selbst organisierte Initiativgruppe kann auf der betrieblichen Ebene für die Auseinandersetzung mit reaktionären Betriebsräten und für die Organisierung des Kampfes gegen die Unternehmer ein erster bedeutsamer Schritt sein. Sie würde jedoch scheitern, wenn sie zu einer alternativen Gewerkschaftsorganisation ausgebaut werden soll. Das zeigt z.B. ganz deutlich der mißlungene Versuch der revolutionären italienischen Gruppierung "Potere Operaio" (PO) in Porto Marghera (Hafen von Venedig). Toni Negri, Mitglied des Exekutivkomitees von PO, berichtet darüber folgendes:

PO intervenierte schon seit 1963 in Porto Marghera. 1968 gelang es PO, die Arbeiter von allen Betrieben im Hafen unter der Parole "5000 Lire für alle!" zu mobilisieren. Es kam zur Herausbildung eines Arbeiterkomitees, das sich als organisierte Leitung der Kämpfe verstand. "Es (wurde) nicht gewählt, sondern (bestand) aus Arbeitern und Studenten, die sich als politische Militante qualifiziert (hatten) und (qualifizierten). Das Komitee (hatte) eine klare Hegemonie über die Kämpfe." (6) Es kam zu einer heftigen Konfrontation zwischen Arbeitern und Gewerkschaften. Die von PO ausgegebene egalisierende Lohnforderung nach 5000 Lire für alle führte zu einem Generalstreik. Gewerkschaftsfunktionäre wurden verprügelt. Es kam zu Zusammenstößen mit der Polizei etc. Aber dann kam der "Gegenangriff der Gewerkschaften, die (versuchten), die Autonomie der Arbeiter unter Kontrolle zu bekommen. Ihre Mittel (waren):
1. fortschrittliche Programme (!!),
2. Kampf- und damit Organisationsformen, bei denen die Entscheidungen

der Arbeiter berücksichtigt (wurden) (!!),

3. die Isolierung jeder Organisationsinitiative der Arbeiter" (?, dazu gehören offensichtlich nicht die unter 2. gemeinten von allen Arbeitern gewählten Delegiertenkörper, sondern nur die von PO ins Leben gerufenen n i c h t g e w ä h l t e n, d.h. selbsternannten Arbeiterkomitees, d.Verf.).

Die Gewerkschaft akzeptierte "die Vorverlegung der Tarifverhandlungen und (blockierte) danach praktisch jede Initiative der Arbeiter (?). Am Ende der Tarifverhandlungen - die sehr militant geführt (wurden) - (schlug) die Gewerkschaft Reformen vor. Die Arbeiter (damit ist offensichtlich das selbsternannte Arbeiterkomitee gemeint; d.Verf.) lehnten den Vorschlag der Gewerkschaften ab." Der Bericht fährt fort: "Das ist ein entscheidender Moment: Negativ insofern, daß die Gewerkschaft dem Komitee durch d e s s e n I s o l i e r u n g die Stoßkraft nimmt, positiv als Notwendigkeit der Organisation, Überwindung der Autonomie ... (?) und der bewußten Diskussion über die Avantgarde."

Das zurückgewonnene Prestige der Gewerkschaften und der entsprechende Niedergang des Arbeiterkomitees scheint nicht zuletzt darauf zu beruhen, daß die Gewerkschaften den Arbeitern doch als w i r k s a m e r e Organisationen für die Durchsetzung i h r e r Forderungen erschienen als lokale Arbeiterkomitees, die gut genug waren, den notwendigen anfänglichen Druck auf die Gewerkschaften zu organisieren, deren weitergehende Forderungen allein aber keine Attraktion auszuüben schienen.

Die Taktik der Gewerkschaften war: Übernehmen der Arbeiterforderungen, Öffnung der Gewerkschaften für die Mitglieder (Bildung neuer betrieblicher Kampforgane). Warum konnte der Bürokratie die Isolierung der Revolutionäre so leicht gelingen? Offensichtlich lag das an der Strategie von PO, über das Arbeiterkomitee eine "politische", d.h. "nicht-reformistische" Alternative anstelle der bloß ökonomischen Kampforganisation der Gewerkschaften zu stellen (Hinweise auf den "politischen" Charakter der Kämpfe und des Arbeiterkomitees bestätigen diesen Eindruck. Aber die 5000 Lire-Forderung von PO mußte den Arbeitern zunächst ebenfalls als eine ökonomische Forderung erscheinen). Statt als revolutionäre Fraktion in die neugebildeten gewerkschaftlichen Kampforgane (Delegiertenräte) der Arbeiter hineinzugehen, endete das Arbeiterkomitee in "splendid isolation".

Also: weil die Politik der Gewerkschaftsbürokratie heute noch flexibler ist als manche Linke gerne glauben möchten, und weil die Arbeiter in dem Maße, wie die Gewerkschaftsspitze ihrem Druck nachgibt, in den alten Verbänden doch wieder die wirksameren Organisationen sehen, wäre es falsch, alternative, nicht reformistische Verbände aufbauen zu wollen. Aber auch, wenn sich in nächster Zeit die reformistische Gewerkschaftspolitik immer weniger flexibel zeigen wird, d.h., wenn die reformistische Führung aufgrund einer sich zunehmend verschlechternden wirtschaftlichen Konjunktur immer hartnäckiger versuchen wird, die Organisierung von gewerkschaftlichen Kämpfen zu verhindern und zu sabotieren, wäre eine Strategie, die darauf abzielt die reformistischen Verbände durch alternative zu ersetzen, falsch. Dann wird es im Gegenteil um so mehr darauf ankommen, daß die Opposition als innergewerkschaftliche den Druck in den Betrieben - und zwar jetzt nicht nur auf örtlicher, sondern nach Möglichkeit auf bezirklicher oder nationaler Ebene - auf die Gewerkschaftsführung organisiert, um diese zum Einsatz der Organisation als Kampfinstrument und damit auch zu einer noch weiteren Ausdehnung und Stärkung von vielleicht schon begonnenen offiziellen oder inoffiziellen gewerkschaftlichen Kämpfen zu zwingen.

Solange die konjunkturelle Lage günstig ist, können Streikkämpfe in einzelnen Betrieben rasche, mühelose Erfolge bringen. Das zeigte sich in den meisten bestreikten Metallbetrieben während der Septemberstreiks. Beginnen sich aber in der Wirtschaft Wachstumsschwierigkeiten abzuzeichnen, so werden sich auch die Kampfbedingungen ändern. Da die Unternehmer in dieser Situation durch Lohnzugeständnisse unter einen größeren Konkurrenzdruck geraten würden, wird jetzt auch ihr Widerstand gegen Lohnforderungen zunehmen, wodurch größere und längere Streiks notwendig werden. Für die Bergarbeiter würde es sicher schon bei der heutigen Situation ihres Wirtschaftszweiges nicht ausreichen, eine Strategie der Kontrolle der Betriebsräte oder der Bildung von betrieblichen Streikkomitees durch die Belegschaft zu entwickeln. Mehr als andere Teile der Arbeiterschaft wissen sie noch aus der Kohlekrise, daß die Belegschaft einer Zeche mit noch so kämpferischen Betriebsräten ohnmächtig sein kann. Es hat sich im September 69 sogar erwiesen , daß die Belegschaften von sechs Zechen ohnmächtig waren, obwohl der Streik der Dortmunder Bergarbeiter durch eine zentrale Streikleitung koordiniert war. Die Bergarbeiter sind leer ausgegangen. Nur wenn es gelungen wäre, den Streik auf weitere Zechen auszudehnen, um so den Druck auf die Gewerkschaftsspitze derart zu verstärken, daß diese sich gezwungen gesehen hätte, die Verhandlungen neu zu eröffnen und damit durch die Anerkennung des weiteren Streikkampfes diesen zu stärken, hätte der Kampf einen erfolgreichen Tarifabschluß bringen können. Daß das keine Illusion, sondern die einzig mögliche Strategie ist, zeigt der Streik der englischen Bergarbeiter, der kurz darauf stattfand.
Im Oktober 1969 kam es in Großbritannien zu einem spontanen, inoffiziellen Streik von 100 000 Bergarbeitern. Die bestreikten Gruben wurden von einer zentralen Streikleitung geführt, obwohl sie geographisch sehr weit von einander entfernt lagen. Gewerkschaftsspitze und staatliche Kohlekonzernleitung hatten sich gegen den Streik ausgesprochen. Die "Neue Zürcher Zeitung" schrieb dazu: " Diese militante Einstellung ist umso enttäuschender, da sowohl die offiziellen Unterhändler der Ge-

werkschaft als auch deren Präsident und Generalsekretär die Friedens-
offerte der Kohlebehörden den Streikenden zur Annahme empfohlen hatten. Ihre Revolte gegen die Verbandsdisziplin macht heute selbst vor
einer offenen Verurteilung der Gewerkschaftsführer nicht mehr halt.
Lord Robens, selbst ein früherer Gewerkschaftssekretär, bezeichnet das
Verhalten der Streikführer unumwunden als anarchistisch ... Die Streikführer verlangen eine sofortige Wiederaufnahme der Verhandlungen mit
der Kohle-Behörde. Gleichzeitig haben sie 200 Gesinnungsleute in andere Kohlenreviere des Vereinigten Königreiches abgeordnet, um sie zur
Unterstützung des Ausstandes zu überreden." (7)
Die Taktik der Gewerkschaftsführung war es jetzt, durch Urabstimmungen
in den betroffenen Revieren den "Willen" der Mehrheit der gewerkschaftlich organisierten Bergarbeiter zu ermitteln. Sie erhoffte sich dadurch
eine Niederlage des Streikkomitees. Waren das etwa nicht optimale Bedingungen für den Aufbau einer alternativen Kampforganisation? Auf der
einen Seite stellte sich die Gewerkschaftsführung gegen den Streikkampf
auf der anderen war es gelungen, einen inoffiziellen Streik von 100 000
Bergarbeitern unter Führung einer n a t i o n a l e n Kampfleitung zu
organisieren. Mußte jetzt nicht jeder Versuch, die Gewerkschaft vor den
Streik zwingen zu wollen, unnötig sein, wenn nicht gar gefährliche Illusionen bei den Arbeitern erzeugen, sie von ihrem weiteren Kampf ab-
halten? Warum jetzt nicht dem Kampf eine "revolutionäre" Wende geben: die Bergarbeiter innerhalb und außerhalb des reformistischen Verbandes endgültig vom reaktionären Charakter der Gewerkschaft über -
zeugen und sie von den von der Gewerkschaftsbürokratie veranstalteten
Manövern einer Urabstimmung fernhalten? So oder ähnlich mag es z.B.
im Kopf eines RGO-Strategen herumspuken. Die Streikleitung versuchte
aber das Gegenteil: sie hatte alle Hebel in Bewegung gesetzt, um den
Streik gewerkschaftlich anerkennen zu lassen; sie wollte den Gewerkschaftsapparat vor den Streik zwingen. Damit hatte sie Erfolg, und sie
hätte auch nur so erfolgreich sein können.
Die britischen Bergarbeiter, die sich in den letzten Jahren ebenso mit
Zechenstillegungen konfrontiert sahen, wie ihre deutschen Kollegen,
haben die Erfahrung gemacht, daß durch k u r z f r i s t i g e , grubenspe-
zifische oder regionale Streiks keine wesentlichen Erfolge mehr zu er-
zielen sind. Die Streikleitung wußte aus Erfahrung, daß die Forderungen
nur dann durchgesetzt werden konnten, wenn die Bergarbeiter durch
eine gewerkschaftliche Kampforganisation im Rücken unterstützt werden.
Nur dann konnte der Streik noch weiter ausgedehnt und ein vorzeitiges
Abbröckeln der Kampffront verhindert werden. Die Streikleitung wußte
somit, daß sie sich eine Schwäche gegeben hätte, hätte sie sich an der
gewerkschaftlichen Urabstimmung nicht beteiligt. Sie wußte auch, daß
die jetzige Gewerkschaftsführung gegen den Einsatz der Organisation als
Kampfinstrument war und forderte daher den Rücktritt führender Gewerk-

schaftsbürokraten. Selbst wenn es ihr nicht gelungen wäre, den Streik offiziell zu machen, so wäre ihre Position gegenüber den Gewerkschaftsführern zehnmal so stark gewesen, als wenn sie sich auf einen frontalen Kampf - gleich, ob nicht nur außerhalb, sondern auch innerhalb der Gewerkschaft - gegen die gesamte Organisation eingelassen hätte.

Aufgabe der revolutionären Linken kann es weder heute noch morgen - bei Strafe ihrer langfristigen Isolierung von der Klasse - sein, die Arbeiter durch den Aufbau alternativer Gewerkschaften von der reformistischen Führung "befreien" zu wollen. Ihre Aufgabe ist es, auf der einen Seite die sozialdemokratischen Führer immer wieder mit den F o r d e r u n g e n d e r A r b e i t e r (nicht mit eigenen, von denen man vielleicht annimmt, daß die Gewerkschaft prinzipiell nicht dafür kämpfen wird) zu konfrontieren, um klar zu machen, daß diese "Vertreter" den gewerkschaftlichen Kampf schließlich immer wieder zu blockieren versuchen, daß sie sich gar nicht oder nur halbherzig für die Arbeiterinteressen einsetzen. Auf der anderen Seite muß die Linke den Arbeitern konkrete Möglichkeiten und Schritte zur Durchsetzung ihrer Interessen zeigen, um so i n n e r - g e w e r k s c h a f t l i c h als Fraktion immer mehr Einfluß gewinnen, den Kampf einleiten, vorantreiben, vereinheitlichen und schließlich führen zu können. Keine andere Strategie ist möglich.

d. Mobilisierungsmöglichkeiten heute

Ein wirksames Eingreifen der revolutionären Linken in die kommenden Klassenauseinandersetzungen wird allerdings nur dann gelingen, wenn dem fragmentarischen Charakter der sich neu belebenden Gewerkschaftsbewegung in Westdeutschland Rechnung getragen wird. Maßstab für die Fortschritte in der Mobilisierung der Arbeiter kann nicht nur eine abstrakt vorgestellte Einheit sein. D.h. die besonderen Bedingungen der jeweiligen Bereiche - einzelne Betriebe, einzelne Branchen - und spezifischen Interessen der Sektionen der Arbeiterklasse - Lehrlinge, Jungarbeiter, Ausländer, Frauen usw. - müssen in die Agitation eingehen. Dazu zwei Beispiele:

1. Eine revolutionäre sozialistische Politik kann an den in der BRD beschäftigten ausländischen Arbeitern nicht vorbeigehen. Aufgrund ihrer großen Anzahl und ihrer Konzentration in Schlüsselpositionen der Industrie kommt den ausländischen Arbeitern eine bedeutende Rolle bei der Entwicklung der westdeutschen Arbeiterbewegung zu. In Agitation und Propaganda muß auf jede Form der besonderen politischen und sozialen Diskriminierung von ausländischen Arbeitern eingegangen werden. Und zwar gegen die politische Diskriminierung, wie sie im Ausländergesetz von 1965 und in der Verfassungsschutzänderung von 1972 ausgedrückt ist; gegen alle diskriminierenden Arbeitsmarktgesetze und -praktiken, insbesondere alle Ansätze zu einem Rotationssystem; gegen alle Benachteiligungen am Arbeitsplatz und im Einkommen; sowie gegen alle Diskriminierungen auf dem Wohnungssektor und im Schulbereich. Dabei muß gegen alle

nationalistischen und rassistischen Ideologien aufgetreten werden, die nur dazu dienen, die Arbeiterklasse zu spalten.

2. Der Zweck der kapitalistischen Selbstverwaltung der Lehrlingsausbildung ist nicht allein, "überflüssige" Qualifikationen zu vermeiden. Zweck ist auch, dem Einzelkapitalisten möglichst große Handlungsfreiheit einzuräumen, um die unter ihrem Wert gekaufte Arbeitskraft der Jugendlichen produktiv einzusetzen und die Ausbildung an betrieblichen Bedürfnissen zu orientieren. Dies kann nur überwunden werden, wenn die Ausbildung ganz aus den Betrieben herausgelöst wird und den Kapitalisten die Möglichkeit genommen wird, die Ausbildung nach ihren Interessen auszurichten. Insbesondere die maoistischen Gruppen bekämpfen die Forderung nach zentralen überbetrieblichen Lehrwerkstätten mit der Begründung, diese Lehrwerkstätten führten zu einer Spaltung der Arbeiterklasse in Arbeiter und Schüler und zur Isolation der Schüler in einem "Freiraum" von der Klasse. Diese Argumentation verkennt die Situation. Zunächst sind die Jugendlichen in der Berufsausbildung voneinander isoliert, da die Ausbildung überwiegend in Kleinbetrieben vor sich geht. Ca. 80 % der Lehrlinge werden in Kleinbetrieben beschäftigt. Eine Zentralisierung der Ausbildung würde also die Isolation der Lehrlinge voneinander aufheben. Darüberhinaus wird die Spaltung zwischen Lehrlingen und Arbeitern nicht dadurch vermieden, daß sie Schulter an Schulter heroische Produktionsschlachten schlagen (SALZ: "keine betrieblichen oder staatlichen Lehrlingsghettos fern der Praxis"). Die Spaltung entsteht gerade in der "Praxis" der Produktion, wo die älteren Kollegen die Lehrlinge selbst als Ausbeutungsobjekte ansehen und insbesondere in den Kleinbetrieben auf Kosten der Lehrlinge ihren Akkord erhöhen, oder ihr Arbeitstempo reduzieren.

5. Thesen zum Parteiaufbau

a. Die Bedeutung, die Kämpfe um spezifische Interessen verschiedener Sektionen der Arbeiterklasse heute haben, ist im niedrigen Bewußtseinsstand der Masse der westdeutschen Arbeiterklasse begründet. Es hat bis auf die Kämpfe gegen die Notstandsgesetze und gegen die CDU/CSU-Regierungsübernahme keine größeren allgemeinen Kämpfe gegeben, in die die revolutionäre Linke vor allem auch hätte eingreifen können und müssen, um sie und das Bewußtsein der kämpfenden Arbeiter von einem gegebenen Stand zu höheren Kampfformen und zu einem klareren Klassenbewußtsein zu führen. Das ist entscheidend dadurch bedingt, daß die Krisentendenzen des Kapitalismus heute noch nicht so einheitlich und ausgeprägt sind, so daß sie alle Teile der Arbeiterklasse vor die gleichen brennenden Probleme stellen würden. Eine Situation wie in den 20er Jahren und 30er Jahren, wo einheitliche Übergangsprogramme die Interessen der gesamten Klasse zusammenfassen konnten und auf deren Grundlage der Kampf (gegen Arbeitslosigkeit, Faschismus, Krieg usw.) organisiert werden konnte, besteht nicht.

b. Das bedeutet keineswegs, daß revolutionäre Propaganda und politische Kämpfe erst auf die Tagesordnung zu setzen sind, wenn größere Teile der Arbeiterklasse zurück zu einer kämpferischen Tradition gefunden haben. Im Gegenteil: jede Phasen- oder Stufentheorie ist hier fehl am Platze. Denn das politische Verhalten der Arbeiter auch auf der Ebene des Kampfes für die unmittelbaren ökonomischen Interessen hängt schließlich immer wieder ab von ihren allgemeinen politischen Vorstellungen. Wie unklar diese allgemeinen politischen Vorstellungen der Arbeiter heute auch immer sein mögen, sie sind mehr oder minder geprägt durch die bürgerliche Ideologie. Solange die Arbeiter Illusionen über die SPD haben und an die Durchsetzung ihrer langfristigen Interessen durch diese Partei glauben, solange werden sie auch immer wieder die Durchsetzung ihrer kurzfristigen Interessen durch militante Lohnkämpfe hintanstellen, wenn ihnen dadurch eine sozialdemokratische Regierung mit ihrem Programm für Frieden, Vollbeschäftigung und bessere Sozialleistungen bedroht erscheint. Aber selbst wenn sie die Illusionen über die sozialdemokratische Politik bereits verloren haben, werden sie noch solange sich der Logik des Profitsystems beugen und z.B. einen Lohnabbau im Interesse der Arbeitsplatzerhaltung mehr oder minder kampflos hinnehmen, wie sie noch nicht die zwingende Notwendigkeit und Möglichkeit für den Sozialismus zu kämpfen begriffen haben.

Somit kann eine betriebsspezifische oder auch allgemein gewerkschaftliche Agitation unter keinen Umständen und zu keiner Zeit ein Ersatz für eine umfassende politische Propaganda sein. Der Rahmen des gewerkschaftlichen Kampfes ist zu eng, als daß sich in ihm ein revolutionäres sozialistisches Bewußtsein entwickeln könnte, denn ein solches setzt ein Wissen von den Wechselbeziehungen der Klassen und Schichten zueinander, wie zum Staat und zur Regierung voraus. Deshalb besteht die Aufgabe der revolutionären Linken vor allem auch darin, die jetzige SPD/FDP-Regierung auf Schritt und Tritt in ihrer Wirtschafts- und Sozialpolitik, ihrer Bildungs- und Außenpolitik anzugreifen. Nicht auf der Basis radikaler Phrasen, sondern vermittels qualifizierter, inhaltlich ausgewiesener Analysen. Es geht darum, zu zeigen, daß die staatlichen Eingriffe in die Lohnpolitik, die Maßnahmen im Bereich der Mieten, der Renten- und Krankenversorgung, der Ausbau der Rüstungswirtschaft und die als Friedenspolitik gepriesene Ostpolitik nur verschiedene Beispiele ein und derselben bürgerlichen Politik sind. Nur mit einer solchen politischen Propaganda wird es möglich sein, die Illusionen der Arbeiter über die sozialdemokratische Politik zu zerstören.

Um aber die Herausbildung eines revolutionären sozialistischen Bewußtseins zu ermöglichen, wird die politische Propaganda noch umfassender sein müssen. Denn das sozialistische Bewußtsein des revolutionären Arbeiters, der sein eigenes Handeln immer unter dem Gesichtspunkt des

Sturzes des internationalen Kapitals durch das organisierte internationale Proletariat begreift, ist in dem Erkennen der Entwicklung des Kapitalismus als Weltsystem - zumindest in groben Umrissen - begründet. Deshalb ist es auch heute schon notwendig, daß die revolutionäre Linke in ihrer politischen Propaganda auf internationale ökonomische und politische Entwicklungen und auf die für den Klassenkampf daraus resultierenden Probleme und Konsequenzen eingeht. Die Weltwährungskrise, die politischen Verhältnisse zwischen den USA, der UdSSR und China, zwischen der BRD, den westeuropäischen Staaten und den USA, zwischen der DDR, der UdSSR und der BRD usw., der Vietnamkrieg, Befreiungsbewegungen in der Dritten Welt, Klassenkämpfe in Italien, Frankreich, England usw., Arbeiteraufstände und politisch-ökonomische Verhältnisse in den Ostblockstaaten: all das sind w i c h t i g e P u n k t e f ü r e i n e r e v o l u t i o - n ä r e P r o p a g a n d a.

c. Dabei kommt dem Eingehen auf die Politik der Ostblockstaaten eine besondere Bedeutung zu. Da die Idee des Sozialismus, der Diktatur des Proletariats, eine ungeheure Pervertierung durch die stalinistischen Regimes erfahren hat, wird das Proletariat vor allem in Westdeutschland nur dann wieder im revolutionären Kampf für den Sozialismus eine Alternative sehen können, wenn es zuvor der revolutionären Linken gelungen ist, sich grundsätzlich mit dem Stalinismus auseinanderzusetzen. Ziel des proletarischen Kampfes kann nicht die die stalinistischen Regimes charakterisierende Substitution der Klasse durch die Partei sein; nicht die Diktatur der Partei sondern die der Klasse bildet die Grundlage der sozialistischen Gesellschaft und die Voraussetzung zur Entwicklung der kommunistischen.

Der entschiedene Bruch mit dem Stalinismus ist vor allem aber auch deshalb notwendig, weil die stalinistische Politik den Kampf des revolutionären internationalen Proletariats sabotierte, dem Aufbau "des Sozialismus in einem Land" unterordnete. Die stalinistische Führung der KPdSU degradierte die außerrussischen kommunistischen Parteien, den eigenen Großmachtinteressen folgend, zu pazifistischen Grenzwachen der Sowjetunion. Und aus den gleichen Interessen war die Führung der chinesischen KP z.B. bereit, dem Kampf der ostpakistanischen Befreiungsbewegung gegen die westpakistanische Militärdiktatur jede Unterstützung zu versagen. Deshalb wird das Entstehen und Wachsen einer neuen, revolutionären internationalen Arbeiterbewegung nur von neuen, politisch von der KPdSU und der KPCH unabhängigen kommunistischen Parteien vorangetrieben werden können. Dabei wird das Entstehen einer neuen, revolutionären sozialistischen Arbeiterbewegung in den westlichen, imperialistischen Staaten wahrscheinlich eine entscheidende Voraussetzung dafür sein, daß ein revolutionärer proletarischer Kampf gegen die Herrschaft der stalinistischen Bürokratie in den Ostblockstaaten sich entwickeln und einen Auftrieb erhalten kann. Demnach muß heute das revolutionäre sozialistische Bewußtsein ein Bewußtsein sein, das nicht nur die Zerschlagung der Macht der Bourgeoisie im Westen, sondern auch den Sturz der Parteibürokratien im Osten als Notwendigkeit und Möglichkeit begreift.

d. Das soll nicht heißen, daß eine ökonomische, betriebsspezifische, auf bestimmte Teile der Arbeiterklasse zugeschnittene Agitation für die Entstehung von revolutionärem Klassenbewußtsein unbedeutend ist. Im Gegenteil: die Arbeiter werden nie für revolutionäre Ideen gewonnen werden können, wenn es deren Vertretern nicht gelingt, die Richtigkeit ihrer Ideen in den jeweiligen Tageskämpfen praktisch unter Beweis zu stellen. Nur wenn die Revolutionäre im täglichen Kampf der Arbeiter mit dem Kapital auf allen Stufen ihre Fähigkeit beweisen, die Kämpfe der Arbeiter wirksam zu unterstützen, selbst Initiativen zu entwickeln, werden sie in der Lage sein, die bewußtesten Arbeiter auch politisch zu gewinnen. Man muß es sogar noch schärfer formulieren: Erst wenn es den Revolutionären gelingt, selbst in niedrigen, oft scheinbar nichtigen Auseinandersetzungen zwischen Kapital und Arbeit in vorderster Reihe zu stehen, die Führung zu erobern, wird es ihnen auch möglich sein, Schritte zum Aufbau einer politischen Führung zu tun. Das Herz der SPD sind tausende von betrieblichen und gewerkschaftlichen Funktionären, die bis heute in diesen täglichen Guerillakämpfen der Arbeiter mit dem Kapital als Vertrauensleute, Betriebsräte, Ortsvorsitzende der Gewerkschaften häufig genug die einzigen Vertreter der Arbeiter sind. Ohne den Einbruch in dieses Massenheer sozialdemokratischer Gewerkschafter wird nicht die leiseste Chance bestehen, die politische Hegemonie der SPD über die Arbeiterklasse zu brechen.

e. Aber die Frage der Entwicklung des revolutionären sozialistischen Klassenbewußtseins stellt sich nicht erst nach der Entwicklung eines radikalen gewerkschaftlichen Bewußtseins. Richtig ist lediglich, daß unter den jetzigen Bedingungen unentfalteter Klassenkämpfe nur wenige Arbeiter für ein umfassendes revolutionäres Programm gewonnen werden können. Aber wenn es heute nicht gelingt, diese wenigen Arbeiter für eine revolutionäre Organisation auf der Grundlage eines revolutionären Programms zu gewinnen, dann wird die revolutionäre Linke morgen erst recht nicht in der Lage sein, größere Teile der dann spontan zum Sozialismus sich hinbewegenden Arbeiter zu politisch in vollem Sinne klassenbewußten Sozialisten zu machen. Ohne eine zumindest in Ansätzen vorhandene politische Organisation der Revolutionäre, die in der Lage ist, in die sich entfaltenden Klassenkämpfe organisierend und mit einer gewerkschaftlichen Agitation und politischen Propaganda führend einzugreifen, wird jede große Streikbewegung, wird jede Sturmwelle des Klassenkampfes im Sande verlaufen, denn der Kampf der bewußteren Teile des Proletariats wird stets durch die zurückgebliebeneren proletarischen Schichten gehemmt. Da die Bewußtseinsentwicklung innerhalb des Proletariats immer unterschiedlich sein wird, wird der proletarische Klassenkampf nicht gradlinig verlaufen. Und gerade deswegen ist die Zusammenfassung der bewußtesten Teile des Proletariats in einer revolutionären Partei notwendig. Nur durch die organisatorische Zusammenfassung der revolutionären sozialistischen Arbeiter wird es diesen möglich sein, systematisch in die Kämpfe der noch in der bürgerlichen Ideologie befangenen proletarischen Schichten einzugreifen, diese Kämpfe weitertreiben und schließlich zum revolutionären Sturz der bürgerlichen Gesellschaft vereinheitlichen zu können. Deshalb ist es schon heute Aufgabe der revolutionären Sozialisten, mit dem Aufbau einer neuen kommunistischen Partei zu beginnen.

f. Diese neue revolutionäre Arbeiterpartei wird sich jedoch nicht gradlinig aus einer der zahlreichen, heute schon bestehenden revolutionären Gruppen entwickeln. Es wird Spaltungen und es muß Vereinheitlichungen geben. Aber eine organisatorische Vereinheitlichung der revolutionären marxistischen Linken wird sich erst dann als dauerhaft erweisen können, wenn ihr eine umfassende theoretische und praktische Auseinandersetzung vorausging. Nur so wird sie für das Eingreifen in die kommenden Klassenkämpfe gerüstet sein. Erst wenn eine organisatorische Vereinheitlichung auf der Grundlage wesentlicher Übereinstimmungen in den Kernfragen der proletarischen Bewegung zustande kam, wird nicht schon jede neue politische Situation entweder ein revolutionäres Eingreifen in den Klassenkampf - wegen politischer Unklarheit - unmöglich machen oder wieder zu einer neuen Spaltung führen. Die Kernfragen, zu denen politische Positionen eingenommen werden müssen, sind zur Zeit vor allem die Gewerkschafts- und Organisationsfrage, die Parlamentarismusfrage, die Frage der politisch-ökonomischen Entwicklung des Kapitalismus, die Stalinismusfrage und die Frage des Charakters der Befreiungsbewegung in der Dritten Welt. (8) In dem Sinne, daß die theoretische Auseinandersetzung über diese Fragen eine entscheidende Voraussetzung für den Aufbau einer neuen revolutionären Arbeiterpartei ist, wird diese neue proletarische Partei außerhalb der bestehenden und kommenden Klassenkämpfe entstehen. Sie wird aber nicht unabhängig von der Entwicklung der Klassenkämpfe entstehen können. Erst wenn es im Verlauf sich verschärfender Klassenkämpfe gelingt, größere Teile der bewußtesten Arbeiter revolutionär zu organisieren und mit der marxistischen Linken zu verschmelzen, wird der Aufbau eines Kerns einer kommunistischen Partei möglich. Erst wenn revolutionäre Arbeiterkader aufgebaut und organisatorisch zusammengefaßt sind, wird die revolutionäre Linke mehr als eine Zuschauerrolle übernehmen können, wenn SPD und DKP sich daran machen, die Arbeiterbewegung erneut an die Bourgeoisie zu verraten.

Anmerkungen:

(1) "Weser Kurier" v. 19.8.1970
(2) Um von vornherein Mißverständnisse zu vermeiden: das soll nicht heißen, daß sich die reformistische Führung nicht l e t z t l i c h endgültig gegen den proletarischen Kampf stellen wird. Sowie dieser Kampf revolutionäre Formen annehmen wird, werden die Reformisten auf das Entschiedenste gegen die Revolution kämpfen.
(3) Wolfgang Lefevre: "Einige Konsequenzen aus der Streikbewegung im September 1969 für unsere Arbeit" in "neue kritik", Nr. 54, Frankfurt/M. 1969; S. 41-49
Durch die "Selbstorganisation der Arbeiter" sollte die "traditionelle" Trennung zwischen gewerkschaftlichem und politischem Kampf sowie zwischen Partei und Gewerkschaft überwunden werden.
(4) "Die Revolutionäre Gewerkschafts-Opposition", Verlag Rote Fahne, Westberlin 1972, Bd. 1, S. 67-91
siehe auch: Aufsatz IV "Gegen eine Neuauflage des RGO-Kurses" (Abschnitt 11. "Die Neuauflage der RGO") in diesem Band.
(5) Darauf wird noch im Aufsatz IV dieses Bandes über die RGO-Politik in der Phase von 28 - 33 eingegangen. An dieser Stelle sollte zunächst einmal nur auf dem Hintergrund der heutigen politischen und ökonomischen Bedingungen angedeutet werden, daß der Aufbau von "roten" Organisationen zur Durchsetzung der ökonomischen Interessen weder notwendig noch möglich, bzw. falsch ist.
Soweit hiermit der Aufbau neuer Gewerkschaftsverbände abgelehnt wird, wird stets schon die Existenz großer Verbände vorausgesetzt, in denen ein entscheidend großer, alle Schichten repräsentierender Teil des Proletariats organisiert ist. Eine solche Situation war in Deutschland schon nach dem ersten Weltkrieg gegeben. Die Gewerkschaften wuchsen hier seit Dezember 1918 bis 1920 von knapp 2 Millionen bis zu 8 Millionen an. Radek bemerkt dazu auf dem II. Weltkongreß der Kommunistischen Internationale (23. Juli - 7. August 1920 in Moskau): "Die deutschen Gewerkschaften mit ihren acht Millionen organisierten Arbeitern umfassen die große Masse der deutschen Arbeiter, die gute Hälfte des deutschen Proletariats, und sie sind deshalb nicht mehr nur Organe der Arbeiteraristokratie." (Protokoll d. II. Weltkongresses der KI , S. 488/489) Die generelle Regel für die Kommunisten konnte deshalb nur lauten: "Eintritt in die Gewerkschaften und Kampf in den großen Gewerkschaften um ihre Eroberung."(ebda., S. 488)
Dieser allgemeine Leitsatz muß für die Kommunisten jedoch dort modifiziert werden, wo nur ein geringer und noch dazu priviligierter, sich von den übrigen proletarischen Schichten abgrenzender Teil des Proletariats gewerkschaftlich organisiert ist. Hier wäre es die Pflicht der

Kommunisten, auch die Gründung neuer Organisationen ins Auge zu fassen. Entsprechend ging Radek auf die Situation in Amerika von 1920 ein: "Wenn wir jedoch in Betracht ziehen, daß wir in Amerika nur vier Millionen gewerkschaftlich organisierte Arbeiter haben (d.h. 80 % der Arbeiter waren nicht organisiert ; d. Verf.), wenn wir in Betracht ziehen, daß sie in Fachverbänden zersplittert sind, so stehen wir in Amerika der Tatsache gegenüber, daß vorderhand die organisierte Arbeiterschaft die Arbeiteraristokratie darstellt, daß sie sich zweitens hermetisch abschließt von den großen Massen der Arbeiter (durch hohe Eintrittsbeiträge; d.Verf.), daß drittens diese Arbeiteraristokratie verstreut ist in einer großen Masse kleiner Organisationen alten Stils. Es gibt in Amerika und England Gewerkschaftsorganisationen, wo die Gewerkschaftsbürokratie auf Lebenszeit bestimmt wird. Daher müssen wir bei Aufrechterhaltung der allgemeinen Leitsätze die Kommunisten Amerikas und Englands dazu veranlassen, in allen großen Organisationen in Amerika die Möglichkeit und die Notwendigkeit der Bildung neuer Gewerkschaften in Erwägung zu ziehen. Wir haben hierzu ein gutes Feld vor uns, nämlich die Berufe, wo die Arbeiteraristokratie freiwillig auf die führende Rolle als Organisator verzichtet, also die vielen Berufe der unqualifizierten, unentwickelten Arbeiter." (ebda., S. 489)

Radek warnte jedoch zugleich die amerikanischen Kommunisten: die IWW (Industrial Workers of the World) sei zwar an Zahl gewachsen, aber nur in geringer Proportion; auch sei die Federation of Labour kein einheitlicher Block mehr und es sei die Pflicht der Kommunisten, ihre Risse zu erweitern. "Wenn mich die amerikanischen Kommunisten fragen, mit welchen Mitteln es möglich ist, die Bürokratie in der F. of L. umzugestalten oder sie unschädlich zu machen, so antworte ich: Wenn die Kommunisten von vornherein in die F. of L. gehen mit der Losung, sie zu zerstören, so werden sie ihre eigene Arbeit zerstören; wenn es sich jedoch als Resultat ihres Kampfes ergibt, daß es notwendig ist, die F. of L. zu zerstören, so sollen sie es tun. Aber kein taktisches Interesse erfordert, daß wir uns darauf versteifen, nicht in die F. of L. zu gehen. Die Aufgabe ist, dort zu arbeiten und zu wirken, als der Faktor der Einigung der Kräfte, die von außen wirken, mit den Kräften der englischen und amerikanischen Arbeiter, die in der F. of L. organisiert sind und deren aristokratischer Hochmut gebrochen wird, durch alle die Leiden, die der zusammenbrechende Kapitalismus auch in Amerika über sie bringen wird." (ebda., S. 491/492)

Ferner sollte, wenn die Gründung einer neuen Gewerkschaftsorganisation ins Auge zu fassen sei, nicht die Akzeptierung des revolutionären Kampfes zur Aufnahmebedingung gemacht werden. Wenn, dann sollten zwar Gewerkschaften unter kommunistischer Führung, nicht aber revolutionäre Verbände aufgebaut werden (was nicht im Widerspruch zur Unterstützung der revolutionären Syndikalisten der IWW stand). Entsprechend heißt es in den von Radek ausgearbeiteten Leitsätzen über die Gewerkschaftsbewegung zur Spaltung der bestehenden Gewerkschaftsorganisationen: "Aber selbst, wenn sich eine solche Spaltung als notwendig erweisen sollte, darf sie nur dann durchgeführt werden, wenn es den Kommunisten gelingt, durch unausgesetzten Kampf gegen die opportunistischen Führer und ihre Taktik, durch lebhafteste Anteilnahme am wirtschaftlichen Kampf die breiten Arbeitermassen davon zu überzeugen, daß die Spaltung n i c h t w e g e n d e r ihnen noch unverständlichen fernen R e v o l u t i o n s z i e l e , sondern wegen der konkreten nächsten Interessen der Arbeiterklasse an der Entwicklung ihres Wirtschaftskampfes vorgenommen wird. Die Kommunisten müssen im Fall der Notwendigkeit einer Spaltung ununterbrochen aufmerksam prüfen, ob die Spaltung nicht zu ihrer Isolierung von der Arbeitermasse führen wird." (ebda., S. 531)

(6) "Bericht über Potere Operaio " in "Sozialistische Correspondenz", Nr. 56/57, Frankfurt/M. 18.11.1970

(7) "Neue Zürcher Zeitung"v. 2.10.1969

(8) Die politischen Positionen, die zu diesen einzelnen Fragen eingenommen und als einzelne Punkte in die politische Plattform der revolutionären Organisation aufgenommen werden müssen, hängen eng miteinander zusammen: Die heute von einer revolutionären Gruppe eingeschlagene Organisationsstrategie hängt ab von ihrer Einschätzung der Funktionen der bestehenden und sich entwickelnden Massenorganisationen der Arbeiterklasse (Gewerkschaften, Betriebsräte, Räte etc.) im revolutionären Prozeß ebenso wie von ihrer Analyse der stalinistischen Organisationen. Gleichermaßen ist die Einschätzung des politischen Potentials zukünftiger gewerkschaftlicher Lohnkämpfe nicht zu trennen von einer bestimmten Einschätzung der Stabilität bzw. Krisenhaftigkeit des heutigen Kapitalismus.

Die Plattform soll nur den a l l g e m e i n e n politischen Rahmen abstecken. Innerhalb der durch die Plattform festzulegenden Minimalposition der Gruppe muß es ein Maximum an offener demokratischer Diskussion geben. Es wäre falsch, z.B. die Zustimmung zu bestimmten Taktiken, etwa in der betrieblichen Agitation, zum Gegenstand der Mitgliedsbestimmung zu machen.

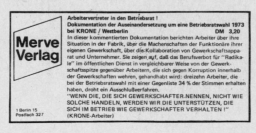

IV. GEGEN EINE NEUAUFLAGE DES RGO-KURSES

1. Vorbemerkung

Der Aufbau der "revolutionären Gewerkschafts-Opposition" (RGO) wird von einem Teil der heutigen revolutionären Linken, d.h. von den maoistisch orientierten Gruppen KPD und KPD/ML, propagiert. Damit ist nicht etwa bloß die Vergrößerung des Einflusses einer als innergewerkschaftliche Opposition arbeitenden revolutionären Fraktion in den unter Kontrolle der SPD stehenden Gewerkschaften gemeint, sondern vielmehr die Schaffung von selbständigen, parallelen Massenverbänden unter kommunistischer Führung. Diese Gewerkschaftsstrategie ist schon einmal gescheitert. Sie wurde von den führenden Theoretikern der KPD und der Kommunistischen Internationale (KI) 1928 im Rahmen ihrer damaligen Sozialfaschismustheorie begründet. Heute erlebt diese Politik durch die selbsternannten Parteiavantgarden eine schmalbrüstige Renaissance. Ein wenig von Sozialfaschismusvorstellungen und "Fehlern" gereinigt und eifrig "dem Volke dienend" wurde sie frisch aus der Taufe gehoben.

Um den RGO-Kurs grundsätzlicher diskutieren zu können, müssen wir seine Begründungen vor allem auf dem Hintergrund der politischen und ökonomischen Situation von 1928-33 beurteilen: Einerseits, weil die Situation um 1930 in ökonomischer wie politischer Hinsicht für eine proletarische Revolution in Deutschland in einem bestimmten Sinne optimal war. Der deutsche Kapitalismus erlebte in der Weltwirtschaftskrise seinen bisher schwersten wirtschaftlichen Zusammenbruch. Dieser war gekoppelt mit einer schweren politischen Krise und es existierte eine starke kommunistische Partei. Die Situation war also objektiv revolutionär. Andererseits, weil Erfahrungen mit der RGO nur in der damaligen Zeit gemacht wurden.

2. Kritik an den "Begründungen" der RGO-Politik

Trotz aller angeblich entscheidenden Modifikationen haben die alte RGO und ihr neuer Sproß ein wesentlich Gemeinsames. Die Notwendigkeit, selbständige rote Verbände aufzubauen, wird damals und heute damit begründet, daß der reformistische Gewerkschaftsapparat als Agent des kapitalistischen Staates in der Arbeiterklasse eine aktive Rolle zu spielen beginne oder begonnen habe, indem er radikal die Kämpfe der proletarischen Massen blockiere und die innergewerkschaftliche Demokratie ausschalte. Also, gewerkschaftliche Kämpfe sind jetzt, bald oder irgendwann im Rahmen der reformistischen Gewerkschaften nicht mehr möglich, da sich der sozialdemokratische Apparat entschieden gegen jeden Kampf stellt oder stellen wird und seine Macht nicht innerhalb seiner gewerkschaftlichen Organisationen zu brechen ist, da durch die Ausschaltung der innergewerkschaftlichen Demokratie jede Opposition jetzt, bald oder irgendwann ausgeschlossen wird, und zwar massenhaft.

Die Möglichkeit, die damit "notwendig" gewordene RGO auch wirklich aufbauen zu können, wurde damals damit begründet, daß ein starker Anstieg des nicht gewerkschaftlich organisierten gewerkschaftlichen Streikkampfes, eine Massenbewegung bevorstünde. Um die damit "mögliche" Organisierung von revolutionären gewerkschaftlichen Massenorganisationen aber durchführen zu können, mußte der subjektive Faktor zur Weitertreibung der Kämpfe, d.h. die RGO oder zumindest ihr organisatorischer Kern, schon gegeben sein.

Beginnen wir zunächst mit zwei Fehlern, die den Begründungen für die Notwendigkeit und Möglichkeit der RGO damals innewohnten. Einmal handelte es sich um ein Außerachtlassen der veränderten Bedingungen des gewerkschaftlichen Kampfes in der Krise und damit eng gekoppelt war zum anderen ein Ignorieren des Unterschieds von gewerkschaftlichen und politischen Kämpfen. "Die ganz außerordentliche Erschwerung des gewerkschaftlichen Kampfes durch eine nach vielen Millionen zählende Armee von Dauererwerbslosen und Kurzarbeitern, wie durch den sich immer mehr verschärfenden internationalen Konkurrenzkampf des Kapitals kommt für die RGO-Strategen überhaupt nicht in Betracht. Sie sind erfüllt vom syndikalistischen Aberglauben an die Allmacht des gewerkschaftlichen Kampfes und bilden sich demzufolge ein, daß es durch den rein gewerkschaftlichen Kampf auch heute noch durchweg möglich sei, den Unternehmern Zugeständnisse abzuringen. Daher reduziert sich für sie auch das Gewerkschaftsproblem in der Hauptsache auf das Problem der Führung. Die erste praktische Schlußfolgerung lautete demgemäß: Wählt Kampfleitungen'! " (1)

In der Tat ließ sich unter den Bedingungen der wirtschaftlichen Krise der Rückgang gewerkschaftlicher Kämpfe nicht allein auf die reformistische Führung zurückführen. Warum nicht?
1. Ein Prinzip der gewerkschaftlichen Organisation ist die teilweise Ausschaltung der Konkurrenz unter den Arbeitern, um dem Kapital begegnen zu können. Dieses Prinzip wird in der Krise tendenziell durchbrochen. Massenarbeitslosigkeit und massenhafte Kurzarbeit erhöhen die Konkurrenz der Arbeiter untereinander. Der Kapitalist droht mit den vor den Betrieben stehenden Arbeitern. Die Angst um die pure Existenz setzt ein.
2. Der Abbau der staatlichen Sozialversicherung (Arbeitslosenunterstützung und Krankenversicherung) sollte einerseits den Umfang des privat akkumulierbaren Mehrwerts vergrößern, andererseits verstärkte er die Konkurrenz unter den Arbeitern noch einmal.
3. Der Staat griff unmittelbar und immer schärfer in Lohnkämpfe ein: Entweder über verbindliche Schlichtungssprüche oder über direkte Notverordnungen. Dahinter stand die drohende Gewalt des Polizei- und Militärapparates. Gleichzeitig wuchs die faschistische Massenbewegung außerhalb des Parlaments und ihre paramilitärischen Organisationen.
Unter diesen Bedingungen ist die von der KPD-Presse im Januar 31 aufge-

stellte Parole, eine Wirtschaftskrise schaffe einen günstigen Boden für Arbeitskämpfe, in dieser Allgemeinheit falsch. An dieser Behauptung ist nur soviel richtig, daß eine Wirtschaftskrise günstige Bedingungen für die Auslösung und Durchführung großer politischer Kämpfe schafft, die nicht unmittelbar um Tagesinteressen gehen. Warum sind die Bedingungen für politische Kämpfe in der Krise günstig?

1. Die Ideologie des demokratischen Staates als Vertreter des ganzen Volkes wird objektiv durchbrochen, indem die staatliche Gewalt offen gegen das Proletariat und zugunsten der Kapitalistenklasse eingreift. Um dafür institutionelle Voraussetzungen zu schaffen, wird das Parlament entmachtet und durch Notverordnungskabinette ersetzt.

2. Die Illusion der Arbeiter, daß ihnen der betriebliche oder rein gewerkschaftliche Kampf zu allen Zeiten Verbesserungen im Rahmen des Systems bringt oder zumindest die Abwehr von Lohnabbau garantiert, wird durchbrochen. Dies zeigt gerade das völlige Ausbleiben mehr oder weniger spontaner ökonomischer Streiks.

3. Die Massenarbeitslosigkeit und Kurzarbeit waren nicht schlagartig da. So sehr die Konkurrenzangst der Arbeiter steigt, so falsch wäre es anzunehmen, daß das der einzige Ausdruck ihres Bewußtseins sei. Gleichzeitig steigt das Bewußtsein, daß die Arbeiter nur als Klasse (aber noch nicht im Sinne einer revolutionären Klasse) dagegen kämpfen können, und das Bedürfnis, die politische Zersplitterung vorläufig hintan zu stellen. Die Hoffnung, derjenige zu sein, den es nicht erwischt, ist klar eingeschränkt durch das gleichzeitige Bewußtsein, daß es jeden erwischen kann: den Ungelernten und Gelernten, den in großen und in kleinen Betrieben, in Berlin und in Hamburg. Die Erkenntnis ist tendenziell vorhanden, daß das Kapital der Klasse keine Existenzmöglichkeiten mehr läßt.

Die Begründung, daß der Aufbau der RGO deshalb notwendig sei, weil der reformistische Gewerkschaftsapparat die Kämpfe der proletarischen Massen radikal blockiere, war also insofern falsch, weil sie ignorierte, daß der Rückgang der gewerkschaftlichen Kämpfe nicht allein durch die verräterische Politik des Reformismus bedingt war. Die Tatsache, daß dieser Rückgang auch objektive Gründe hatte, die in den veränderten Bedingungen des gewerkschaftlichen Kampfes in der Krise wurzelten, wurde durch diese Begründung ausgeschlossen bzw. fand nur noch stiefmütterliche Beachtung. Damit war aber auch die zweite Begründung, daß der Aufbau der RGO deshalb möglich sei, weil ein starker Anstieg des nicht gewerkschaftlich organisierten gewerkschaftlichen Streikkampfes bevorstünde, falsch.

Schon allein die Tatsache, daß in der Krise der gewöhnliche gewerkschaftliche Kampf ganz außerordentlich erschwert ist, erklärt weitgehend das Scheitern der RGO-Politik in der Phase 1928-33. Die RGO hatte in Bezug auf die Initiierung und Führung von gewerkschaftlichen Kämpfen nur sehr wenig Einfluß und soweit sie zur Schaffung selbständiger Verbände führte, brachte sie nur Splitterorganisationen hervor.

Der politische Abwehrkampf stand damals auf der Tagesordnung, das heißt nicht, daß man auf den Streikkampf hätte verzichten sollen. Jedoch waren dafür die notwendigen politischen Voraussetzungen zu schaffen. Eine von ihnen war die Wiederherstellung der Gewerkschaftseinheit. Und genau dazu war die RGO-Politik überhaupt nicht geeignet.

3. "Einheitsfront von unten": ein Widerspruch in sich

Vergleicht man die Mitgliederzahlen der KPD mit denen der RGO, dann ergibt sich folgendes Bild: In der Zeit von Dezember 1929 bis Ende 1932 stieg die Mitgliederzahl der KPD von 135 160 auf 252 000 (eingeschriebene Mitglieder: 360 000). In der RGO wuchs die Mitgliederzahl in der Zeit von Ende 1929 bis August 1932 von 106 000 auf 322 000 (2).
Dieser Zahlenvergleich beweist die totale Isolierung der Kommunisten in der RGO. In ihr waren nicht wesentlich mehr Arbeiter organisiert, als ohnehin schon in der Partei. Die RGO war somit in Wirklichkeit nicht viel mehr als eine organisatorische Verdoppelung der Partei, nicht aber eine Organisation, die weit über die Parteimitglieder hinaus die Arbeiter zum gewerkschaftlichen Kampf zusammenschloß. Das läßt sich n i c h t a l l e i n aus den objektiv schweren Bedingungen erklären, die sich dem gewerkschaftlichen Kampf in der Krise stellen. Vielmehr weist diese organisatorische Einengung auf einen der RGO i m m a n e n t e n W i d e r s p r u c h hin, der in der Politik der "Einheitsfront von unten" begründet war.
Diese Einheitsfrontpolitik, die als organisatorisches Prinzip den Charakter der RGO bestimmte, erfuhr ihre Begründung in dem gleichen Argument, mit dem die Notwendigkeit des Aufbaus selbständiger roter Verbände behauptet wurde: Einheitsfront von unten ist deshalb notwendig, weil die reformistische Führung radikal die Kämpfe der proletarischen Massen blockiert und die innergewerkschaftliche Demokratie ausschaltet. Massenausschlüsse sind unvermeidbar.
Deshalb sollte mit der "E i n h e i t s f r o n t p o l i t i k v o n u n t e n" ein Kampfbündnis zwischen revolutionären und reformistischen Arbeitern unter Ausschluß der sozialdemokratischen Führung hergestellt werden. Die Führung in diesem Kampfbündnis sollte v o n v o r n h e r e i n bei der KPD liegen. Sie sollte nicht erst errungen werden.
Damit aber wurde dem reformistischen Arbeiter, der zwar schon in Opposition zu seiner Führung stand, aber eben noch nicht revolutionär war, faktisch folgendes Ultimatum gestellt: entweder jetzt endlich seiner Opposition eine revolutionäre Richtung zu geben, oder aber nicht mit der revolutionären Opposition gegen seine reformistische Führung kämpfen zu dürfen. An diesem Ultimatum mußte die Einheitsfront zwischen den kommunistischen und sozialdemokratischen Arbeitern scheitern. Die "Einheitsfront von unten" konnte bestenfalls nur eine Einheitsfront zwischen den

schon revolutionären Arbeitern darstellen, d.h. zwischen Mitgliedern, Kandidaten und Sympathisanten der KPD. Und grundsätzlich hätte die RGO-Politik auch kein breiteres Kampfbündnis herstellen können - auch nicht unter anderen objektiven, wirtschaftlichen Bedingungen -, denn die Einbeziehung in die eigene Gewerkschaftsorganisation sollte eben auf der Basis des im Vornhinein-Akzeptierens des revolutionären Programms der KPD erfolgen. Die Zusammensetzung der RGO war dementsprechend. Das kam z.B. auf dem 1. Reichskongreß der RGO im Dezember 1929 zum Ausdruck: "Vollständige Klarheit bestand unter den Delegierten über die wichtige Tatsache, daß der revolutionäre Befreiungskampf der proletarischen Klasse nur unter Führung der Kommunistischen Internationale möglich ist. Die Kommunistische Partei und die revolutionäre Gewerkschaftsopposition sind eins, sie sind untrennbar verbunden". (3)
In diesem Zusammenhang war die Feststellung von S. Per in seinem Artikel 'Über einige Probleme der deutschen Gewerkschaftsbewegung' unsinnig: "Die revolutionäre Gewerkschaftsopposition muß organisatorisch breiter sein als die Partei, ist aber enger. Organisatorisch umfaßt sie bis heute faktisch nur einen Teil der Parteimitglieder, die in den Reihen der Gewerkschaften arbeiten, der Parteimitglieder und parteilosen Mitglieder der roten Betriebsräte der Arbeitslosenausschüsse und der revolutionären Vertrauensleute" (4).
In der Tat, wenn die RGO als Gewerkschaft überhaupt hätte funktionieren sollen, dann hätte sie organisatorisch breiter, s e h r v i e l b r e i t e r a l s d i e P a r t e i sein müssen. D.h. sie hätte die am breitesten mögliche Einheitsfront von revolutionären und reformistischen Arbeitern und Arbeitern, die gerade den ersten Ansatz zu solidarischem Bewußtsein entwickelt haben, darstellen müssen. Nur dann hätte sie als Gewerkschaft die ökonomischen Interessen ihrer Mitglieder schlagkräftig, d.h. nicht nur mit Parolen vertreten können; nur dann hätte sie den eigentlichen Zweck einer jeden gewerkschaftlichen Organisation überhaupt erfüllen können. Und nur dann wiederum hätte die Kommunistische Führung dem gewerkschaftlichen Kampf b r e i t e r proletarischer Massen eine revolutionäre Richtung geben können. Denn der gemeinsame Kampf mit den noch nicht revolutionären Arbeitern wäre die entscheidende Voraussetzung dafür gewesen, deren Bewußtseinsentwicklung ständig weiterzutreiben. Nur in der Einheitsfront mit den noch reformistisch eingestellten Arbeitern wäre es möglich gewesen, diesen in ihrem Kampf um Reformen letztlich zu zeigen, daß ihre Hoffnung auf immerwährende Reformen im Kapitalismus illusionär ist, daß der revolutionäre Kampf um die politische Macht des Proletariats die einzige und notwendige Alternative ist.
Das Unsinnige an der Feststellung von S. Per war aber, daß sie suggerierte, es sei grundsätzlich möglich, die RGO sehr viel breiter als die Partei zu organisieren. Warum sollte ein noch reformistisch denkender Arbeiter, selbst wenn er in Opposition zu seiner sozialdemokratischen Führung stand,

sich ausgerechnet in der r e v o l u t i o n ä r e n Opposition gegen diese Führung wenden? Solange er noch Illusionen in den Reformismus hat, wird er
sich stets sagen: "Okay, ich wäre bereit, mit den Kommunisten für ganz
bestimmte Reformen zu kämpfen, auch wäre ich bereit, mit ihnen Druck
auf meine sozialdemokratischen Führer auszuüben, damit sich diese wieder konsequent oder konsequenter für meine Interessen einsetzen. Ich bin
jedoch nicht bereit, der revolutionären Opposition beizutreten, denn ich
bin gegen die Revolution!"
Somit wiederum war es der revolutionären Opposition unmöglich, dem noch
reformistischen Arbeiter zu beweisen, daß sie besser als die sozialdemokratische Führung seine Interessen im Kampf für ganz bestimmte Reformen ver-
trat. Denn um dies beweisen zu können, hätte die revolutionäre Opposition gerade durch die sozialdemokratischen Arbeiter gestärkt werden müssen, und zwar durch einen massenhaften Beitritt derselben.
Damit war der Teufelskreis geschlossen. Die RGO scheiterte an ihrem
i n n e r e n W i d e r s p r u c h , nämlich den gewerkschaftlichen Kampf zu
organisieren, ohne selbst Gewerkschaft sein zu können. Deshalb konnte
sie von vornherein nicht mehr als ein bloßer Schatten der Partei werden.
Durch Apelle an die sozialdemokratischen Arbeiter war dieser Schatten
schon gar nicht zu beleben. In der "Roten Fahne" hieß es z.B.: "Die im
DMV organisierten Kollegen müssen erkennen, daß sie von dieser Organisation nichts mehr zu erwarten haben. Sie müssen jetzt endlich begreifen,
daß solange sie diese gelbe Organisation unterstützen, eine Verbesserung
ihrer Lebenslage nicht möglich ist .... Darum gilt die Losung: Heraus aus
dem DMV, Massenübertritt in den EVfMB" (5). Das Problem war aber nicht
nur, daß die Kollegen "erkennen mußten", daß sie vom DMV nichts mehr
zu erwarten hatten. Das Problem stellte sich vielmehr noch an einem anderen Punkt: die Kollegen k o n n t e n n i c h t e r k e n n e n , daß sie von
der RGO mehr zu erwarten hatten. Warum hätten sie dem EVfMB von vornherein mehr Kredit einräumen sollen, als ihrer alten Organisation?
Wie wird sich nun dieser innere Widerspruch der RGO, nämlich den gewerkschaftlichen Kampf zu organisieren, ohne selbst - als Einheitsfront
der schon revolutionären Arbeiter - Gewerkschaft sein zu können, auf
dem Hintergrund verschiedener objektiver, d.h. ökonomischer Bedingungen
darstellen?
Wie schon oben dargelegt, schafft die Krise für den gewerkschaftlichen
Kampf die schlechtesten, für den politischen Kampf dagegen die besten
Bedingungen. Für die RGO muß das heißen, daß sie als g e w e r k s c h a f t -
l i c h e Organisation nicht wachsen kann, da sie in der Krise für den gewerkschaftlichen Kampf bedeutungslos wird. Als p o l i t i s c h e , d.h. revolutionäre Organisation sind dagegen ihre Wachstumschancen optimal. Insofern die Arbeiter in der Krise leichter ihre Illusionen über den bürgerlichen
Staat und in den Reformismus verlieren können, kann die RGO m i t d e r
P a r t e i wachsen. Und tatsächlich ist ja auch die KPD und die RGO in

der Weltwirtschaftskrise trotz der falschen Einheitsfrontpolitik stark gewachsen: von 1929 bis 1933 um rund 300%. Jedoch trotz dieses Wachstums blieb die RGO ohne Bedeutung, als gewerkschaftliche wie auch als politische Organisation. Soweit sie Streikkämpfe organisierte, organisierte sie nur Niederlagen. Sie entwickelte sich zur Arbeitslosengewerkschaft. Und was den politischen Kampf betrifft, so konnte die RGO diesen natürlich nicht besser als die Partei organisieren, denn in der RGO führte die Partei sich selbst.

In der Phase der wirtschaftlichen Expansion oder gerade beginnender Stagnation sind die objektiven Bedingungen für den gewerkschaftlichen und politischen Kampf dagegen genau entgegengesetzt. Solange das Kapital leicht oder gerade noch Zugeständnisse machen kann, sind die Bedingungen für den gewerkschaftlichen Kampf günstig. Für den politischen Kampf - zumindest soweit er eine revolutionäre Perspektive hat - sind die Bedingungen dagegen am schwersten. Während einer Boom-Phase erhalten Illusionen über den Parlamentarismus und Reformismus tendenziell einen Auftrieb und in der Phase beginnender Stagnation sind diese Illusionen noch nicht umfassend zu erschüttern. Für die RGO muß das bedeuten, daß ihre Wachstumschancen als politische Organisation am schlechtesten sind. Wie bei der Partei, so wird auch bei der RGO in der Expansions- oder Stagnationsperiode der Mitgliederbestand entweder schrumpfen oder stagnieren, auf keinen Fall aber sich rapide vergrößern (6). Indem nun aber die RGO (weil sie eine politische, d.h. revolutionäre Organisation ist) in dieser Periode wenn überhaupt, dann nur sehr langsam wachsen kann, wird sie auch nicht in der Lage sein, die nun günstigen Bedingungen für den gewerkschaftlichen Kampf zu nutzen. Als gewerkschaftliche Organisation soll die RGO zwar den proletarischen Kampf organisieren; sie kann jedoch nur als revolutionäre wachsen. Damit muß sie auch dann, wenn keine Krisensituation herrscht, für den gewerkschaftlichen Kampf relativ bedeutungslos, wenn nicht unbedeutend bleiben.

Die RGO-Politik erweist sich somit als totaler Widerspruch in sich: In der Krise, wenn für die RGO als politische Organisation die Bedingungen optimal sind, kann sie den gewerkschaftlichen Kampf nicht organisieren, weil die Bedingungen dafür zu schlecht sind. Sind aber die ökonomischen Bedingungen für den gewerkschaftlichen Kampf optimal, kann sie diesen als gewerkschaftliche Organisation nicht führen, weil die Bedingungen für die politische Organisierung zu schlecht sind.

4. Die Tragödie von 1928 - 33

Für die Untauglichkeit der RGO-Strategie werden im "roten Gewerkschaftsbuch" einige Beispiele angeführt:
"Das markanteste Beispiel für die Untauglichkeit der RGO-Strategie bietet der Streik der Berliner Rohrleger im Herbst 1929. Es gab bis zum Frühjahr

66

1929 keine gewerkschaftliche Organisation, die so fest und geschlossen unter kommunistischer Führung stand, wie die 4000 Mitglieder zählende DMV-Rohrleger-Branche. Alle Versuche der DMV-Bürokratie, den geschickten kommunistischen Branchenführer Niederkirchner auszuschalten, hatten erst dann Erfolg, als Niederkirchner im Januar 1929 anfing, die RGO-Linie zu befolgen. Nun dauerte es nicht lange, bis die Ortsverwaltung einen Vorwand zum Ausschluß Niederkirchners gefunden hatte. Die Folge war die Gründung eines Roten Rohrleger-Verbandes. Als dann die DMV-Bürokratie mit Hilfe ihrer jetzt ganz unter reformistischer Führung stehenden Branche einen neuen Tarifvertrag abschloß, erkannte der "Rote Verband" diesen Tarif nicht an und proklamierte bei außerordentlich günstiger Konjunktur den Streik. Wenn irgendwo - nach der Theorie der RGO - Erfolgsmöglichkeiten für einen Streik gegeben waren, so war es hier der Fall. Es war eine Rote Gewerkschaft da, an der Spitze stand ein populärer Führer, gesammelt wurden über 60 000 Mark, die ganze KPD und IAH stand hinter der Bewegung, die Konjunktur war, wie gesagt, günstig, und trotzdem - eine vernichtende Niederlage. Noch katastrophaler waren auch hier wieder die Folgen. Die nun ganz unter reformistischer Führung stehende DMV-Rohrleger-Branche hatte bald ebensoviele Mitglieder wie vor der Spaltung. Die Unternehmer können die Arbeiterzersplitterung glänzend in ihrem Interesse ausnützen, und der revolutionäre Einfluß unter den Rohrlegern ist dahin.

Dasselbe Ergebnis überall, wo die RGO-Taktik angewandt wurde. Von der Kriegszeit bis 1929 stand die Berliner Dreher-Branche ständig unter revolutionärer Führung. 1929 wurde die Spaltung von der aus Kommunisten bestehenden Branchenleitung provoziert in der Absicht, zusammen mit der Rohrlegerbranche die Grundlage zu einem großen Roten Metallarbeiterverband zu schaffen. Das Ergebnis war, daß von der 6 000 Mitglieder zählenden Dreherbranche etwa 300 die Spaltung mitmachten. Die Reformisten beherrschten jetzt die Branche, die heute fast ebensoviel Mitglieder zählt wie vorher. Ganz ähnlich liegen die Dinge ....bei den Berlinern Zimmerern. Im Geschäftsbericht 1929/30 des neuen Berliner Zimmerer-Verbandes (ein Produkt der RGO-Strategie) wird festgestellt, 'daß die Reformisten schon seit Jahren auf der Lauer lagen, um den verhaßten kommunistischen Einfluß in der Berliner Zahlstelle zu brechen'. Statt diese Absichten klug zu durchkreuzen, arbeiteten die RGO-Strategen den Reformisten direkt in die Hände. Sie veranlaßten, daß aus der Lokalkasse der Zimmerer Geld an die ausgeschlossenen Rohrleger überwiesen wurde. Über die Wirkung dieser Maßnahme ist in dem erwähnten Bericht zu lesen:
'Jetzt hatten die Reformisten den seit langem gesuchten Grund zur Beseitigung des Berliner Vorstandes gefunden. Die Berliner Bauunternehmer-Organisationen teilten diesen Vorgang damals sofort freudestrahlend durch Rundschreiben und Zeitschriften ihren Mitgliedern mit'.

Wenn wir dann noch erwähnen, daß der RGO-Kurs zur Vernichtung fast aller kommunistischen Positionen in den Gewerkschaften und dazu führte, daß auf dem Verbandstag des DMV 1930, ebenso wie auch auf dem im gleichen Jahre stattgefundenen ADGB-Kongreß kein einziges KPD-Mitglied mehr anzutreffen war, dann begreift man, daß sich der 'Vorwärts' vom 5. Januar 1930 sehr zufrieden äußerte, als Mitte Dezember 1929 in Moskau die Fortsetzung des RGO-Kurses beschlossen wurde:
'Die Linie, die zur Säuberung der Gewerkschaften von kommunistischen Paroleschmieden führt, wird streng eingehalten. Das ist alles, was wir wünschen können'." (7)
Die RGO-Politik der KPD machte es also offenbar der sozialdemokratischen Gewerkschaftsführung sehr leicht, die Kommunisten aus den Verbänden herauszuwerfen. Erst als die kommunistischen Fraktionen dieser neuen Strategie folgten, konnten ihre Mitglieder und Anhänger massenhaft - nicht nur punktuell, hier und dort und vorübergehend, sondern überall und damit sehr wirksam - aus den gewerkschaftlichen Organisationen ausgeschlossen werden.
"Als allgemeines Ergebnis des RGO-Kurses muß festgehalten werden:
1. die nahezu vollkommene Vernichtung der oppositionellen Positionen innerhalb der Freien Gewerkschaften,
2. die Schwächung und teilweise Vernichtung der oppositionellen Betriebspositionen,
3. eine allgemeine Diskreditierung der Opposition überhaupt,
4. eine tiefgreifende Enttäuschung und Passivität bei zahlreichen revolutionären Arbeitern,
5. allgemeine Aktionsunfähigkeit der Arbeiterklasse, die sich nie zuvor so widerstandslos ausbeuten und ausplündern ließ". (8)
Damit erwies sich die Begründung, daß der Aufbau der RGO, d.h. die Durchführung der "Einheitsfrontpolitik von unten" auf gewerkschaftlicher Ebene, deshalb notwendig sei, weil die reformistische Führung radikal den gewerkschaftlichen Kampf blockieren und die innergewerkschaftliche Opposition massenhaft ausschließen werde, noch aus einem anderen - oben schon angeführten - Grunde als falsch. Und zwar insofern, als diese Begründung vielmehr eine Projektion dessen war, was erst als Folge dieser Politik das Proletariat schließlich strangulieren konnte. Indem die Kommunisten dem RGO-Kurs folgten, wurde es der reformistischen Führung möglich, diese gänzlich ungestraft aus den Gewerkschaftsverbänden hinauszusäubern und damit von den sozialdemokratischen Arbeitern zu isolieren. Da nun aber die kommunistische Fraktion massenhaft ausgeschlossen werden konnte, gerieten die noch nicht revolutionären Arbeitermassen gänzlich unter den Einfluß der sozialdemokratischen Führung. Diese konnte nun wiederum den proletarischen Klassenkampf auf gewerkschaftlicher und auf politischer Ebene umso "ungestrafter" (d.h. bis zum Sieg des Faschismus) radikal blockieren.

5. Eroberung der Gewerkschaften

Richtig an dem Argument, mit dem die Notwendigkeit der RGO begründet werden sollte, war also nur soviel, daß in der Tat die reformistische Führung alles daran setzte, den proletarischen Klassenkampf zu blockieren und die Opposition, d.h. vor allem die kommunistische, auszuschalten. Falsch daran aber war, daß diese Tatsache zur Behauptung erhoben wurde, die reformistische Führung habe unbedingt die Macht dazu, ihr Vorhaben innerhalb ihrer Verbände durchzusetzen.

Natürlich war es unmöglich, aus den reformistischen Gewerkschaften revolutionäre Verbände zu machen. Das war damals und zuvor unmöglich und wird auch stets unmöglich sein. Nicht aber deshalb, weil die Macht der reformistischen Gewerkschaftsspitze stets zu groß war bzw. sein wird. Vielmehr war und wäre ein solch edles Ansinnen schon von vornherein durch den n o t w e n d i g e n Charakter der gewerkschaftlichen Organisation selbst, nämlich Einheitsfront von nicht-revolutionären und revolutionären Arbeitern zu sein, zum Scheitern verurteilt. Eine revolutionäre "Gewerkschaft" könnte nur eine Einheitsfront der schon revolutionären Arbeiter sein. Und was das für den gewerkschaftlichen Kampf und seine Funktionen heißt, wurde schon weiter oben ausreichend am Beispiel der RGO erläutert.

Die Aufgabe der Kommunisten war und ist es deshalb, i n n e r h a l b der Verbände im gewerkschaftlichen Kampf den noch nicht revolutionären Arbeiter vom reformistischen Einfluß zu befreien, ihn zu revolutionieren, die reformistische Führung zu entlarven, um so die Mehrheit im gewerkschaftlichen Verband zu gewinnen. Damit wäre der Verband jedoch nicht revolutionär, und das ist auch nicht wichtig. Entscheidend ist, daß, wenn es den Kommunisten in den gewerkschaftlichen Organisationen gelungen ist, die Mehrheit hinter sich zu bringen, d.h. die Führung zu erobern, es ihnen dann um so leichter fallen wird, innerhalb dieser Verbände einen konsequenten Kampf für die Interessen des organisierten Proletariats zu organisieren und dadurch immer breiteren proletarischen Massen ein Bewußtsein von der Notwendigkeit der sozialistischen Revolution zu vermitteln.

Eine solche innergewerkschaftliche Strategie wurde von der KPD z.B. in der Phase 1920-23 verfolgt. Während dieser Zeit versuchte die KPD nicht die Schwierigkeiten revolutionärer, innergewerkschaftlicher Arbeit dadurch zu "lösen", daß sie ihnen durch Gründung eigener roter Verbände aus dem Weg ging. Und sie war erfolgreich damit: Gegen den Widerstand der sozialdemokratischen Gewerkschaftsleitungen erstarkten die kommunistischen Fraktionen in den Verbänden.

"Im Sommer 1923 wurden im DMV-Berlin bei der Wahl der Delegierten zur Generalversammlung in Kassel für die Liste der KPD und der kleinen Reste der USP rund 54 000 und für die Liste der SPD ca. 23 000 Stimmen abgegeben. Die Opposition im DMV erhielt bei dieser Wahl ziemlich die

Hälfte aller Stimmen, was allerdings noch nicht mit der Mehrheit der Delegierten identisch war. Es standen vielmehr den 138 oppositionellen Delegierten noch 257 reformistische gegenüber. Auch bei den Wahlen zum Verbandstag der Textilarbeiter hat die Opposition fast die Hälfte der Stimmen und mehr als ein Drittel der Delegierten aufgebracht. Die Zahl der kommunistischen Bevollmächtigten, Geschäftsführer und Angestellten in den Gewerkschaften betrug 1923 laut Bericht der Gewerkschaftsabteilung der KPD an den Frankfurter Parteitag 342.

Dieser starke oppositionelle Einfluß machte der Gewerkschaftsbürokratie die Abwürgung von Kämpfen immer schwerer. Es sind deshalb auch in den Jahren 21 bis 23 eine ganze Reihe großer gewerkschaftlicher Kämpfe zu verzeichnen, die teils, wie z.B. der große süddeutsche Metallarbeiterstreik, mit Unterstützung der Gewerkschaften, teils aber auch, wie beispielsweise der große Chemiearbeiterstreik 1922 und die Kämpfe der Bergarbeiter an der Ruhr, gegen den Willen der Gewerkschaften ausgefochten wurden.

Auch in jener Periode war die Gewerkschaftsbürokratie bestrebt, die wachsende Opposition zu ersticken und durch Ausschlüsse ihrer Wortführer zu schwächen. Vergebens! Wohl sind wertvolle Kräfte aus den verschiedenen Verbänden ausgeschlossen worden. Aber die Gewerkschaftsbürokratie mußte für solche Ausschlüsse in der Regel teuer bezahlen. Sie hatte fast in allen Fällen durch solche Willkürakte das Vertrauen von Zehntausenden ihrer bisherigen Anhänger eingebüßt, während das Vertrauen zur Opposition im gleichen Verhältnis gewachsen ist. Die fortwährenden Ausschlüsse führender Vertrauensleute bei den Bauarbeitern in Chemnitz und dann auch in Berlin haben schließlich zur Bildung eines Verbandes der ausgeschlossenen Bauarbeiter geführt. Nach dem Streik der Chemiearbeiter in Ludwigshafen ist es zu Massenausschlüssen und zur Bildung eines Verbandes der ausgeschlossenen Chemiearbeiter gekommen. Auch die ausgeschlossenen Eisenbahner mußten zusammengefaßt werden. Diese von der Opposition n i c h t g e w o l l t e aber von der Gewerkschaftsbürokratie durch ihre provokatorische Ausschlußpolitik erzwungene Bildung von Verbänden der Ausgeschlossenen, hat sich indessen sehr nachteilig für die reformistische Gewerkschaftsbürokratie ausgewirkt. Die Opposition wurde nämlich nicht müde, immer wieder vor der Arbeiterschaft des ganzen Reiches die Gewerkschaftsbürokratie als Urheber dieser Spaltung anzuklagen und anzuprangern". (9)

Diese erfolgreiche Gewerkschaftspolitik der KPD wurde nach einem Führungswechsel in der Partei liquidiert. "Die neue Führung mit Maslow, Fischer und Thälmann an der Spitze hatte den antigewerkschaftlichen Stimmungen weitgehend nachgegeben und die Bildung sogenannter selbständiger Verbände begünstigt". (10) Im Februar 1924 beschloß das politische Büro der KPD im Hinblick auf die Taktik der kommunistischen Fraktion auf dem DMV-Verbandstag in Kassel folgendes:

"Das Pol.-Büro beschließt, daß die Fraktion darauf eingestellt wird, daß keine Koalition zwischen Kommunisten und Linkssozialdemokraten geschaffen werden kann. Die ganze politische Haltung der Fraktion muß eine Anklage gegen rechte und linke Sozialdemokraten und eine klare Qualifizierung ihrer historischen Rolle sein. Bei Vorschlägen seitens bestimmter Gruppen der SPD, mit uns zusammenzugehen ......werden als Bedingung gestellt:

a. Annahme des politischen Programms der KPD-Fraktion
b. Wiederaufnahme der Ausgeschlossenen
c. Mehrheit des Vorstandes im DMV." (11)

Noch im Laufe des Jahres 1924 wurden - ohne daß hierzu in den meisten Fällen zwingende Gründe vorlagen - selbständige Verbände geschaffen. "Die Folgen waren verheerend. Es genügt hier, die Tatsache anzuführen, daß auf dem Gewerkschaftskongreß in Breslau 1925 statt der 90 kommunistischen Delegierten, die in Leipzig (1922,d.Verf.) aufmarschierten, nur noch 2 (!!) vertreten waren........Zwei Jahre ultralinker Führung hatten genügt, um die in mühevoller langjähriger Arbeit geschaffenen oppositionellen Positionen in den Gewerkschaften fast restlos zu vernichten und damit die Partei in ihrer Existenz zu untergraben. In dieser Situation griff die Exekutive der Kommunistischen Internationale mit einem 'Offenen Brief' ein, in dem sie die ultralinke Politik scharf kritisierte und eine Gewerkschaftspolitik im Sinne der Tätigkeit von 1920-23 forderte." (12)

Die Gewerkschaftspolitik sollte nun wieder nach folgendem Prinzip durchgeführt werden: "Die kommunistischen Fraktionen arbeiten mit aller Energie dafür, die Mehrheit der Gewerkschaftsmitglieder unter ihren Einfluß zu bringen. Diese kommunistische Gewerkschaftsarbeit vollzieht sich im Rahmen der Statuten und Beschlüsse der betreffenden Gewerkschaften." (13)

Der Erfolg blieb nicht aus: "Obgleich es auf gewerkschaftlichem Gebiet besonders schwer ist, verscherztes Vertrauen wiederzugewinnen, hat es doch nicht lange gedauert, bis sich die günstigen Folgen der Wendung bemerkbar machten. Es ist der KPD in den Jahren 1926/27 und teilweise auch 1928 wieder gelungen, verlorenes Terrain zurückzuerobern und da und dort auch neue Positionen zu gewinnen. Gegen Mitte des Jahres 1926 waren etwa 80 Prozent der Parteimitglieder wieder in den Gewerkschaften. In 39 ADGB-Ortsausschüssen hatte die Opposition wieder die Mehrheit, und man kann auf Grund verschiedener Urabstimmungen behaupten, daß im Jahre 1927 wieder etwa ein Drittel der Gewerkschaftsmitglieder zur Opposition stand. Genau wie in den Jahren 20/23, so wirkte sich auch jetzt die Stärkung der Opposition in einer Zunahme der Streiks aus." (14)

Auch in dieser Periode ließ die sozialdemokratische Gewerkschaftsführung nichts unversucht,den gewerkschaftlichen Kampf zu blockieren und die

Opposition auszuschalten. Jedoch trotz dieser Schwierigkeiten wuchs die Opposition auch jetzt wieder. Die Macht der sozialdemokratischen Gewerkschaftsbürokratie erwies sich wieder als nicht stark genug, den wachsenden Einfluß der Kommunisten in den Gewerkschaften einzudämmen bzw. gar zurückzudrängen. Der ständige Versuch der Reformisten, radikal den Kampf zu blockieren und die Opposition auszuschalten, konnte deshalb keine zwingende Begründung für die RGO-Politik liefern, die 1928 eingeschlagen wurde.

6. Charakter und Formen des Reformismus

Zur Begründung der Notwendigkeit der RGO "reichte" es erst, als diese Tatsache zu der Behauptung stilisiert wurde, daß die Politik der reformistischen Führung und die Macht derselben nun gewerkschaftliche Kämpfe innerhalb der reformistischen Verbände unmöglich machen würden und ein massenhafter Ausschluß jeder Opposition nicht mehr vermeidbar sei. Diese Behauptung sollte durch die These belegt werden, daß "durch das Hineinwachsen des obersten Gewerkschaftsapparates in den Apparat des bürgerlichen Staates, durch die freiwillige Unterwerfung unter Schiedssprüche, durch die Einheitsfront der Reformisten mit den Unternehmern, durch die Umwandlung der Gewerkschaften in Organe der kapitalistischen Rationalisierung .... eine völlig neue Lage entstanden" sei. (15) Diese These bildete den Kern der Sozialfaschismustheorie. (16)
Entscheidend an der These von der völlig neuen Lage war, daß ihr einmal eine falsche Einschätzung des Charakters reformistischer Politik zugrunde liegen mußte. Das war zum anderen gekoppelt mit einer falschen Bestimmung der Grenzen, innerhalb der sich sozialdemokratische Politik verändern konnte und kann. Was bestimmt den Charakter des Reformismus und die Grenzen seiner Formen?
Der Charakter des Reformismus - und damit auch die Funktion der sozialdemokratischen Führung in Partei und Gewerkschaft als Vermittlungsagent zwischen Kapital- und Arbeiterinteressen - ist wesentlich durch seine - bzw. ihre - Stellung zum bürgerlichen Staat bestimmt.
Im Gegensatz zum revolutionären Sozialismus hält der Reformismus eine friedliche Transformation des Kapitalismus auf dem Wege einer parlamentarischen Politik für möglich. Nach seiner Auffassung ist der Staat kein Machtinstrument der Bourgeoisie, sondern eine selbständige, über den Klassen stehende Institution und kann daher, sobald eine Arbeiterpartei die Mehrheit gewinnt und an die Regierung gelangt, als Hebel für antikapitalistische Reformen eingesetzt werden. Das Parlament wird damit nicht, wie in der revolutionären Politik, nur als eine Propagandatribüne neben dem außerparlamentarischen politischen Kampf der Arbeiterklasse betrachtet. Vielmehr ist das Parlament das vorrangige bzw. ausschließliche Aktionsfeld reformistischer Politik. Diese Beschränkung auf das Parlament

führt zur Ausschaltung der organisierten Arbeiterbewegung als außerparlamentarisch-politische Kraft und damit zu ihrer Ausschaltung als einer politischen Kraft überhaupt.

Der Kampf der Arbeiterbewegung wird auf den ökonomischen, d.h. gewerkschaftlichen beschränkt. Dabei ist für die reformistische Theorie eine Überschätzung der Möglichkeiten des gewerkschaftlichen Kampfes charakteristisch. Nach der marxistischen Theorie liegt eine grundlegende Änderung der Einkommensverteilung nicht im Bereich der Möglichkeiten gewerkschaftlicher Politik, sondern setzt eine Abschaffung der kapitalistischen Produktionsverhältnisse, die Zerstörung des bürgerlichen Staatsapparates und den Aufbau der proletarischen Staatsmacht voraus. Danach haben die Gewerkschaften vor allem zwei Funktionen. Einmal sind sie die Defensivorgane zur Verteidigung der Tagesinteressen der Arbeiterklasse gegen die Übergriffe des Kapitals. Zum anderen sind sie die Kampfschulen des Proletariats: im gewerkschaftlichen Kampf wird das Proletariat die Erfahrungen sammeln, die es schließlich befähigen wird, den revolutionären Kampf um die politische Macht zu führen. Der Reformismus dagegen betrachtet als Ziel des gewerkschaftlichen Kampfes die Herbeiführung einer "gerechten" Einkommensverteilung; sie kann nach seiner Auffassung ohne Abschaffung der kapitalistischen Produktionsverhältnisse verwirklicht werden, da Krisen im Kapitalismus vermeidbar seien. Damit wird das sozialistische Endziel selbst preisgegeben. Der Klassengegensatz zwischen Lohnarbeit und Kapital wird auf den Gegensatz von arm und reich reduziert. Und der Kampf der Arbeiterklasse soll sich auf die Veränderung der Einkommensverteilung beschränken, ohne das Profitsystem selbst anzutasten.

Diese Überschätzung der Möglichkeiten des gewerkschaftlichen Kampfes steht im krassen Gegensatz zur tatsächlichen Rolle des Reformismus in der Gewerkschaftspolitik; und das muß zwangsläufig so sein. Ebenso wie der Reformismus den politischen Kämpfen der Arbeiterklasse in den Rücken fiel, lähmte er die Gewerkschaftsbewegung. Diese beiden Seiten der reformistischen Politik stehen in einem engen inneren Zusammenhang. So wie der Reformismus die Arbeiterbewegung als politische Kraft ausschaltet, so muß er sie als ökonomische Macht lähmen, da jeder militant geführte gewerkschaftliche Kampf, sobald er die Grenzen der Kompromißbereitschaft des Kapitals überschreitet, auch die Tendenz einer politischen Gefährdung des kapitalistischen Systems und seiner parlamentarischen Ordnung – innerhalb und mit der die reformistische Politik den Kapitalismus zu "überwinden" sucht – in sich birgt. Entsprechend sträubt sich die reformistische Führung umso heftiger gegen eine Organisierung gewerkschaftlicher Kämpfe, je weniger Zugeständnisse das Kapital aufgrund einer Wirtschaftskrise machen kann.

Diese grobe Skizzierung reformistischer Theorie und Praxis offenbart schon den Charakter des Reformismus: indem er in jedem Fall den bürgerlichen

Staat, d.h. das politische Instrument der Bourgeoisie, stützt, stellt er nur eine besondere Variante bürgerlicher Ideologie und Politik dar. Der Charakter reformistischer Politik bestimmt sich daher unabhängig davon, welche verschiedenen Formen diese in der sozialdemokratischen Politik in Partei und Gewerkschaft angenommen hat bzw. annehmen kann. Ob es sich um den Revisionismus Bernsteins handelte (einem prinzipienlosen Pragmatismus), um den Zentrismus Kautskys (einem Wortradikalismus bei praktischer Untätigkeit oder Opportunismus) oder um die Zerschlagung des revolutionären Teils der Arbeiterbewegung durch die Ebert-Scheidemann-Regierung – so wichtig die Unterschiede dieser Formen sozialdemokratischer Politik im Hinblick auf die Kampf- und Entwicklungsbedingungen der Arbeiterklasse waren – eines haben diese Formen gemeinsam: sie sind als verschiedene Formen reformistischer Politik nur verschiedene Formen einer besonderen bürgerlichen. In diesem Sinne ist es unerheblich, ob es sich um die Politik einer noch nicht oder schon in den bürgerlichen Staatsapparat "hineingewachsenen" sozialdemokratischen Führung handelt.

D.h. allerdings nicht, daß die reformistische Politik beliebige Formen annehmen kann. Die verschiedenen Formen sozialdemokratischer Politik bestimmen und verändern nicht den grundlegenden Charakter des Reformismus, doch umgekehrt bestimmt der Charakter des Reformismus als einer besonderen bürgerlichen Politik die möglichen Formen der sozialdemokratischen. Das Besondere des Reformismus als einer bürgerlichen Politik besteht darin, daß er sich nicht von außen offen gegen die Mehrheit der Arbeiterbewegung stellt, sie niederhält und zerschlägt, sondern daß er die Arbeiterbewegung kraft seines Einflusses von innen lähmt und somit als politische Kraft ausschaltet. Dabei ist sein Einfluß innerhalb der Arbeiterbewegung bedingt durch die Illusionen der Arbeiter über die reformistische Politik als einer Politik in ihrem Klasseninteresse (17). Und durch eben diese Besonderheit des Reformismus sind auch zugleich die Grenzen gesetzt, innerhalb der sich die sozialdemokratische Politik als eine bürgerliche verändern kann.

Die SPD wird nicht davor zurückschrecken, härteste Unterdrückungsmaßnahmen gegen die revolutionäre Linke zu unternehmen (wie z.B. die Ebert-Scheidemann-Regierung gegen die Räte und die KPD). Aber sie kann diese Politik nur solange verfolgen, wie sie sich durch ihren Einfluß in den proletarischen Massenorganisationen (Gewerkschaften, Räte) auf einen großen Teil der Arbeiterklasse stützen kann. Das setzt voraus, daß die SPD-Führung zeitweise auch nicht gewünschte Forderungen "akzeptiert", und zwar ist sie spätestens dann dazu gezwungen, wenn sich die Mehrheit des organisierten Proletariats von der Sozialdemokratie loszusagen droht. Deshalb z.B. "beugten" sich Ebert und Scheidemann schließlich auf dem 1. Rätekongreß (Dezember 1918) dem Willen der Mehrheit in den Fragen der Sozialisierung und der militärischen Kommandogewalt. Sie machten in diesen Fragen zunächst Zugeständnisse, um die Beschlüsse zur sofortigen Soziali-

sierung der Schwerindustrie und zur Übernahme der militärischen Kommandogewalt durch die Volksbeauftragten unter Kontrolle des Zentralrats im
nachhinein torpedieren zu können. Diese Taktik blieb allerdings nicht ungestraft. Immer mehr Arbeiter sahen sich in ihren Erwartungen getäuscht;
ihre Illusionen über den Reformismus zerbrachen. So vollzog sich in immer
schnellerem Tempo ein Abmarsch der Arbeiter von der SPD zunächst zur
USPD, deren revolutionäre Basis schließlich von der KPD gewonnen werden konnte. (Durch die Vereinigung mit der linken USPD im Dezember
1920 kamen zu den 78 000 Mitgliedern der KPD fast 300 000 weitere
hinzu). Bekam die SPD bei den Wahlen zur Nationalversammlung im Januar 1919 noch 11,5 Millionen Stimmen, so waren es bei den Reichstags-
wahlen im Juni 1920 nur noch 5,6 Millionen. Die Stimmenzahl der USPD
wuchs im gleichen Zeitraum von 2,3 Millionen auf 4,9 Millionen an (18).

In dem Maße aber, in dem die SPD große Teile ihrer Anhänger verlor,
wandte sich auch die Bourgeoisie offen gegen sie. In der Novemberrevo-
lution 1918 war die Sozialdemokratie die einzige Partei, die die Rätebewegung noch aufhalten und liquidieren konnte. Nur eine sozialdemokratische Regierung konnte damals die Mehrheit der Arbeiter- und Soldaten-
räte zur freiwilligen Übergabe ihrer Macht an die Nationalversammlung
bewegen und damit das bürgerliche System retten. Die Bourgeoisie gewann
somit dank der SPD eine für sie wichtige Atempause. Sie konnte nun ihre
Kräfte wieder sammeln. Andererseits aber mußte sich die Sozialdemokratie
in der Regierung immer rascher vor immer mehr Arbeitern als auf der Seite der Bourgeoisie stehend entlarven. Damit war die Möglichkeit eines
erneuten revolutionären Aufschwungs in der Arbeiterbewegung gegeben. In
dieser Situation, bei einem zu ihren Gunsten veränderten Kräfteverhältnis
zog die Bourgeoisie nun, d.h. schon 1920, wieder eine offen bürgerliche
Regierung vor. Einmal konnte diese direkter und schneller gegen das Proletariat vorgehen als die SPD, die schon sehr viel Kredit bei den Arbeitern verloren hatte und deshalb mehr Rücksicht auf ihren noch bestehenden Rückhalt in den Arbeiterorganisationen nehmen mußte. Zum anderen
konnte die Sozialdemokratie jetzt außerhalb der Regierung die politische Kraft der proletarischen Bewegung besser lähmen, da sie den bürgerlichen Charakter ihrer Politik hier besser verschleiern konnte.
Eine sozialdemokratische Regierung wird also keineswegs zu allen Zeiten
den Interessen der Bourgeoisie am besten dienen können. Genau aus diesem Grunde, wird die Bourgeoisie es auf keinen Fall zulassen, daß eine
sozialdemokratische Führung etwa in dem Sinne in den bürgerlichen Staatsapparat hineinwachsen kann, daß sie sich dort für immer verankern
könnte. Die sozialdemokratische Politik kann vorübergehend von der indi-
rekten und direkten Kooperation mit den Organen des bürgerlichen Staates zur direkten Besetzung derselben durch Sozialdemokraten wechseln;
aber nur solange wie die Bourgeoisie es duldet bzw. keine andere Wahl

hat. Ob und wie lange aber die Bourgeoisie eine sozialdemokratische Regierung duldet, ja zu welcher Kombination der ihr zur Verfügung stehenden Varianten bürgerlicher Politik, die vom Reformismus bis zum Faschismus reichen, sie sich entschließt, hängt von ihrer Einschätzung der jeweils bestehenden Kräfteverhältnisse zwischen den Klassen ab. Dabei ist die Sozialdemokratie für die Bourgeoisie stets nur insoweit von Bedeutung, wie es ihr gelingt, weite Teile des Proletariats zu kontrollieren, und damit an den bürgerlichen Staat zu binden. Sobald der revolutionäre Teil der Klasse stärker wird als der sozialdemokratisch beherrschte, wird die SPD für das bürgerliche System nutzlos und eventuell selbst Objekt der Unterdrückung (wie im Faschismus).

7. Falsche Entlarvungsstrategie

Aufgrund des Charakters reformistischer Politik als einer besonderen bürgerlichen Politik, ist die sozialdemokratische Führung zeitweise dazu gezwungen, auch nicht gewünschte Forderungen zu übernehmen, wenn sie nicht ihren Einfluß im organisierten Proletariat verlieren will. Das gilt natürlich nicht nur für die Parteiführung, sondern gleichermaßen auch für die sozialdemokratische Gewerkschaftsführung und ihren Apparat. Gewiß, die sozialdemokratische Gewerkschaftsführung wird, wenn sich die Klassenkämpfe verschärfen, ihre ganze Macht dazu verwenden, den gewerkschaftlichen Kampf zu blockieren und die Opposition auszuschalten. Wenn aber, vor allem in einer wirtschaftlich verschärften Situation, sich immer breitere Teile des Proletariats kampfbereit zeigen, dann wird die Gewerkschaftsführung diesem wachsenden Druck schließlich immer wieder nachgeben müssen. Sie wird dann den Kampf organisieren, um die Arbeiterbewegung weiterhin unter Kontrolle halten und als selbständige Kraft lähmen zu können. Indem sie jedoch den gewerkschaftlichen Kampf organisiert, führt sie stets auch immer größere Schichten des Proletariats in den Kampf und schafft sie Bedingungen, unter denen dieser Kampf über seinen ursprünglichen Rahmen und über seine ursprünglichen Ziele hinausgetrieben werden kann.

Der Druck auf die Gewerkschaftsführung, Arbeitskämpfe zu organisieren, kann durch einen wachsenden Einfluß der kommunistischen Fraktion innerhalb der reformistischen Verbände entscheidend verstärkt werden, wie die Erfahrungen zeigten. Das Wachsen der kommunistischen Fraktion war mit einer Zunahme des gewerkschaftlichen Streikkampfes verbunden - und das, obwohl die Gewerkschaften schon während des Krieges sich eindeutig auf den Boden des bürgerlichen Staates stellten, sich ihm freiwillig unterwarfen und mit ihm zusammenarbeiteten.

Zweifellos sträubte sich die sozialdemokratische Gewerkschaftsführung umso entschiedener gegen die Organisierung von Arbeitskämpfen, je mehr sich die Krisensituation verschärfte. Barg doch jetzt schon jeder größere gewerkschaftliche Kampf die Tendenz in sich, den kämpfenden Arbeitern eine revolutionäre Perspektive zu weisen. Die Bourgeoisie, immer weniger in der Lage, noch irgendwelche ökonomischen Zugeständnisse machen zu können, hätte einen solchen Kampf durch den Einsatz aller ihrer Mittel, (d.h. zuletzt durch den entschiedenen Einsatz der Staatsgewalt in Form der Polizei und des Militärs) entsprechend politisiert. In dieser Krisensituation aber kam der sozialdemokratischen Führung ab einem gewissen Punkt ein wesentlicher Umstand zu Hilfe. Es handelte sich vor allem um die Tatsache, daß mit dem Anwachsen der Arbeitslosigkeit die Konkurrenz unter den Arbeitern verstärkt und damit der gewerkschaftliche Kampf entscheidend erschwert wurde.

Die Aufgabe der Kommunisten innerhalb der Gewerkschaften wäre es nun vor allem gewesen, von vornherein für Kämpfe auf einer schon politischen Ebene einzutreten. Der Kampf z.B. gegen die Arbeitslosigkeit, gegen den Abbau der staatlichen Sozialversicherung, gegen die Notverordnungsregierung und gegen den Faschismus hätte propagiert und organisiert werden müssen. Damit wäre die sozialdemokratische Führung in Partei und Gewerkschaft erneut in die Enge getrieben worden. Entweder hätte sie sich nun endgültig geweigert, den Kampf zu organisieren, oder sie hätte sich noch einmal an die Spitze der Bewegung gesetzt. Dann hätte sie anhand ihrer zögernden und halbherzigen Haltung entlarvt werden können. Genau dazu war die RGO-Politik absolut nicht geeignet.

Indem die RGO vor allem auf der Betriebs- und Branchenebene den Kampf gegen die sozialdemokratische Führung zu organisieren versuchte, kam es schon aufgrund der objektiv schweren Bedingungen, die sich dem gewerkschaftlichen Kampf in der Krise stellen, entweder gar nicht zum Kampf oder zu Niederlagen. Die zur Entlarvung der sozialdemokratischen Führung notwendige Konfrontation zwischen ihr und den noch sozialdemokratisch orientierten Arbeitermassen konnte auf dieser Ebene nicht herbeigeführt werden. Da sich andererseits die KPD durch ihre "Einheitsfrontpolitik von unten" von den noch nicht revolutionären Arbeitern isolierte, gab sie zugleich der sozialdemokratischen Führung die günstige Gelegenheit, die kommunistische Opposition ungestraft auszuschalten. Damit wurde es der KPD aber unmöglich, überhaupt noch einen wirksamen Druck auf die Sozialdemokratie organisieren und diese schließlich entlarven zu können.

8. Stalins Politik erzwingt den RGO-Kurs

Die These von der völlig neuen Lage, die ihre Begründung etwa in der modifizierten "Theorie der Arbeiteraristokratie" fand, wie sie vom RGO-Theoretiker David angeboten wurde (19), war falsch. Weder die direkte Kooperation mit dem bürgerlichen Staat als einer bestimmten Form sozialdemokratischer Politik, noch der Charakter reformistischer Politik als einer besonderen bürgerlichen waren neu. Und von einem Hineinwachsen des obersten Gewerkschaftsapparates in den bürgerlichen Staatsapparat konnte im Sinne einer ständigen Etablierung nicht die Rede sein. Die These von der völlig neuen Lage erwies sich selbst als bloße Behauptung. Damit war die Notwendigkeit der RGO durch nichts als plausibel zu beweisen: im Gegenteil.

Es ist in diesem Zusammenhang von Interesse, daß die Kursänderung der KPD-Politik 1928 wohl eher in den Fraktionskämpfen der KPdSU als in einer neuen Einschätzung der allgemeinen politischen Situation in Deutschland begründet war. H. Weber stellt diesen Zusammenhang folgendermaßen dar: "Im Februar 1928 tagte in Moskau das 9. erweiterte EKKI-Plenum. Auf der Tagesordnung standen der Kampf gegen den Trotzkismus..... Die deutsche Frage spielte auf diesem Plenum kaum eine Rolle..... In der Gewerkschaftskommission richtete Thälmann heftige Angriffe gegen 'rechte Abweichungen' .... Auf der Tagung selbst betonte Stalin, in Deutschland seien....die Rechten die Hauptgefahr.....Stalin, der sich auf den Machtkampf mit den 'Rechten' Bucharin, Rykow und Tomski vorbereitete, wollte die gleiche Politik auf Deutschland übertragen.....Stalin wollte alle Funktionen mit ergebenen Anhängern besetzen; die neue Parteilinie wurde zunächst o h n e j e d e p o l i t i s c h e B e g r ü n d u n g vereinbart... Die Kursänderung fand ihren Niederschlag in einem s t a t u t e n w i d r i g e n G e h e i m a b k o m m e n zwischen der deutschen und der sowjetischen Delegation des EKKI, das faktisch die Beschlüsse des XI. Parteitages der KPD aufhob" (20).

Mit scharfen Worten wandte sich damals Clara Zetkin gegen das am 29. Februar 1928 ausgehandelte Geheimabkommen. In einem Brief an Wilhelm Piek erklärte sie: "Die Besprechung zwischen der deutschen und russischen Delegation war ein wohlvorbereiteter Überfall, nichts als Kulisse für eine fix und fertige Abmachung. Die gefaßte Resolution wird die verhängnisvollsten Wirkungen haben und hat bereits begonnen, sie zu zeitigen. Sie revidiert die Linie des EKKI-Briefes und des Essener Parteitages (vom Frühjahr 1927;d.Verf.) und wirft die innerparteiliche Entwicklung in die Aera Fischer-Maslow-Scholem zurück....Wo bleibt die KI? Ihre organisatorische Einheitlichkeit und etliches mehr, wenn wichtige Fragen nicht vom Plenum diskutiert und beschlossen sondern 'geregelt' werden durch Abkommen zwischen einzelnen Parteien? Solche Abkommen können keine bindende Kraft beanspruchen. Ich würde es als eine Beschmutzung meiner Lebensarbeit betrachten, wenn irgendwer annehmen könnte, ich sei mit dem Beschluß einverstanden ·und decke ihn....." (21).

9. Kritik an der Durchführung des RGO-Aufbaus

Die Wirkungen der Kursänderung waren, wie Clara Zetkin prophezeite, verhängnisvoll: die durch das Geheimabkommen revidierte KPD-Politik war ein Kurs auf Spaltung, und zwar auf allen Ebenen.

a. Aufbau im Betrieb

Als die KPD zur selbständigen Kampforganisierung überging, sollte die organisatorische Basis der RGO im Betrieb aufgebaut werden. Entsprechend hieß es in der Zeitschrift "Betrieb und Gewerkschaft" vom 1. Dezember 1929: "Während die Anhänger der RGO in der Zeit vor dem IV. RGI-Kongreß (1928) ihre Haupttätigkeit darin erblickten, in den Gewerkschaftsverbänden an den Maßnahmen der Gewerkschaftsbürokratie Kritik zu üben und revolutionäre Anschauungen zu propagieren, genügte das nach der großen Wende zur selbständigen Kampforganisierung nicht mehr. Das Schwergewicht der oppositionellen Tätigkeit mußte in den Betrieb verlegt werden" (22).

Was ist an dieser Formel zu kritisieren?

1. In den Betrieben sollte der Hauptstützpunkt geschaffen werden, wesentlich auch durch die selbständige Führung von Kämpfen. Gegen die Bürokratie sollte ein praktisches Gegengewicht geschaffen werden, als Basis für den Aufbau der eigenen Organisation. Die entscheidene Schwäche lag darin, daß der betriebliche Kampf in der Krise eben ungeheuer erschwert war. Deshalb konnte durch die Auslösung von betrieblichen Einzelkämpfen kaum eine innergewerkschaftliche Opposition oder eine alternative Organisation aufgebaut werden. Entweder kam es zu diesen Kämpfen erst gar nicht oder zu Niederlagen.

2. Als Voraussetzung zur Bildung selbständiger Verbände sollte in den Betrieben die Politik der "roten Listen" für Betriebsräte- und Vertrauensleutewahlen dienen. Auf revolutionären "roten Listen" sollte gegen die "sozialfaschistischen" Vertreter kandidiert werden (revolutionäres Ultimatum im Kleinkampf).

Entscheidend dabei war: die Klassenkampfperspektive des Arbeiters verschob sich in der Krise. Die Erfahrung der Ohnmacht im Betrieb richtete seine Erwartungen auf die überbetriebliche Ebene: Was machen die Gewerkschaften, was macht die SPD, was die KPD?. Jedes Auftreten des Kommunisten im Betrieb schloß automatisch die Frage ein: Was machst Du nicht nur hier, sondern gegenüber den Gewerkschaften, was machst Du gegenüber der SPD?. Hast Du Dich am roten Volksentscheid (22a) beteiligt? Vertrittst Du das nicht hier im Betrieb? Haben sich Deine Gewerkschaften nicht auch längst als erfolglos herausgestellt? Warum kandidierst Du auf der roten Liste und willst mich auch dafür haben? Kandidiere auf der gewerkschaftlichen Einheitsliste! Beweise mir dann die Richtigkeit Deiner Politik! Wirst Du von den Reformisten vor aller Augen blockiert, dann laß uns politische Listen aufstellen!

Die politische Spaltung der Arbeiterklasse im Betrieb erreichte am Ende der Weimarer Republik ihren Höhepunkt. "Selbst die kümmerlichen Erfolge der RGO bei den Betriebsratswahlen, mit denen die massenhaften Ausschlüsse aus den Gewerkschaften viel zu teuer bezahlt waren, erwiesen sich nicht als dauerhaft.......in der Berliner Verkehrsgesellschaft (BVG) ......(gingen) die Stimmen der RGO von 10 747 im Jahr 1929 auf 5 545 im Jahr 1931 (zurück), während gleichzeitig die freigewerkschaftliche Stimmenzahl von 5 934 auf 9 713 gestiegen ist. Im Opel-Werk erhielt die RGO 1929 3 273 Stimmen, denen nur 1 669 freigewerkschaftliche gegen-überstanden. Nach Inszenierung eines RGO-Streiks, der mit einer schwe-ren Niederlage endete, sah das Verhältnis im Jahre 1931 so aus: RGO 884, freigewerkschaftliche Liste 4 231........" (23).

b. Gründung selbständiger Verbände

Die fehlende Massenbasis für eine eigene Gewerkschaftsorganisation war der Ausgangspunkt von scharfen Auseinandersetzungen in der RGO. Die Auseinandersetzungen entzündeten sich an der Frage nach dem Z e i t-p u n k t d e r G r ü n d u n g s e l b s t ä n d i g e r V e r b ä n d e. Diese Frage war taktisch direkt verknüpft mit einer anderen: Ist die Massenbasis bereits vorhanden oder steht sie ganz kurz vor der Tür, dann nimmt der Stellen-wert des Gewichts gleichzeitiger innergewerkschaftlicher Arbeit ab. Ist das nicht der Fall, dann bleibt die Arbeit in den reformistischen Verbän-den ein wesentlicher Schwerpunkt für den Aufbau der eigenen Organisa-tion.

In seiner Antwort auf Per hatte Heckert dieses Problem genau gesehen("Der Kampf um die Mehrheit der Arbeiterklasse"; Juli 1930). Er erkannte, daß zwar auch Per davon sprach, daß die Zeit noch nicht reif sei, aber sei-ne Thesen das praktisch doch unterstellten.

1. Zu Pers These, der gesamte untere reformistische Apparat sei ebenfalls faschisiert: "Der reformistische Betriebsrat und ebenso seine einzelnen Glie-der sind in den Betrieben die Preisfechter der faschistischen Politik der Gewerkschaftsbürokratie......der Kampf gegen die revolutionäre Bewegung steht im Mittelpunkt der Tagesarbeit auch des unteren reformistischen Funk-tionärs" (24).

Heckert warnte nicht nur vor der schlechten Verallgemeinerungstendenz dieser Behauptung, sondern vor einer damit verbundenen These: daß eine Taktik der persönlichen Eroberung der Funktionäre sinnlos sei. Damit wer-de absichtlich die Fragestellung verschoben. Es ginge nicht um sie, son-dern um ihre Funktionen, von denen aus revolutionäre Politik leichter ge-macht werden könnte. Pers Thesen verstärkten die bestehende Tendenz, "daß wir tausende und tausende solcher Plätze einnehmen könnten, sie werden aber von den revolutionären Arbeitern auf Grund einer falschen Einstellung zu unserer Arbeit gemieden wie die Pest. Daß ein gewerkschaft-licher Betriebsvertrauensmann oder ein Beitragskassierer, wenn er ein Mit-glied der RGO ist, von dieser gewerkschaftlichen Funktion aus zu einer Anzahl Gewerkschaftsmitglieder sprechen kann und imstande ist, einen Teil des sozialfaschistischen Gifts zu eliminieren, das von oben herunter in die Menge geträufelt wird, dazu bedarf es keiner weiteren Erklärung" (25).

2. Dasselbe gelte für Pers Vorschlag an den kommenden V. RGI-Kongreß, die Parole 'Oppositionelle Arbeiter hinein in die Gewerkschaften zur Stärkung der revolutionären Opposition' für alle noch Unorganisierten fal-

len zu lassen und sie direkt in die RGO zu schleusen. Auch diese Parole laufe auf eine vorzeitige Aufgabe innergewerkschaftlicher Arbeit und neugewerkschaftliche Gründung heraus.

Verschiedene Faktoren sprächen dafür, daß dafür die Zeit noch garnicht reif sei.

1. Nach den Wahlergebnissen zu schließen, hätten noch ein Drittel aller Arbeiter rechts von der SPD gewählt. Und zwar auch in Großstadtgebieten. Im Ruhrgebiet habe das Zentrum 1930 genau so viele Stimmen erhalten wie die KPD. Über eine Million Arbeiter seien noch in christlichen Gewerkschaften organisiert.

2. In den entscheidenden Großbetrieben und Schlüsselindustrien sei die Position der RGO verschwindend schwach. Die Macht des Kapitals sei dort am größten: Spitzel und gelbe Gewerkschaften.

3. Auch die Unorganisierten könnten nicht als Ausdruck der Kritik an der Politik des Gewerkschaftsapparates begriffen werden, die nur auf ein gewerkschaftsrevolutionäres Organisationsangebot warteten. "In der letzten Zeit haben wir des öfteren Stimmen gehört, die erklärten, die nicht-organisierten Arbeiter sind in der Gewerkschaft deshalb nicht, weil sie mit der faschistischen Politik dieser Organisationen nicht einverstanden sind, ihre Unorganisiertheit erkläre sich in der Hauptsache nur aus dem Nicht-Vorhandensein revolutionärer Gewerkschaften. Würden wir entschlossen solche revolutionären Gewerkschaften bilden, dann würden sofort die Massen in diese Gewerkschaften einströmen. Wäre diese Meinung in der Tatsache begründet, dann ließe sich nicht erklären, warum z.B. in Frankreich und in der Tschechoslowakei...die Massen nicht in diese einströmen....Wir haben auch andere Beispiele dafür, daß von der breiten Masse der gewerkschaftlich nicht-organisierten Arbeiter beträchtliche Schichten sich der Führung der reformistischen Gewerkschaften anschließen... das geschieht in wichtigen Industriegebieten und in vielen Großbetrieben. Die Betriebsrätewahlen in Deutschland geben dafür eine Reihe von Beispielen. So bekamen die Sozialdemokraten bei den Wahlen im Siemens-Werner Werk in Berlin nicht nur doppelt so viel Stimmen wie die RGO, sondern mehrmals soviel Stimmen als gewerkschaftliche Arbeiter im Betrieb vorhanden sind, und obwohl die RGO auch einen bedeutenden Teil der Stimmen der gewerkschaftlich organisierten Arbeiter auf sich vereinen konnte....würden wir unverständigerweise unsere revolutionäre Arbeit in den Gewerkschaften liquidieren, dann würden wir nicht nur verzichten auf die Eroberung eines gewichtigen Teiles der Gewerkschaftsmitglieder .....sondern auch auf die Gewinnung jener unorganisierten Massen, die, obwohl nicht organisiert, doch an die reformistischen Gewerkschaften in irgendwelcher Weise gebunden sind" (26).

Seine Schlußfolgerung: "Wir sollen keine unzeitgemäßen Experimente machen....und....vorzeitig neue Gewerkschaften bilden. Das können, wie die Dinge jetzt liegen, nur Organisationen von 'Offizieren' sein, denen die Mannschaften fehlen" (27). Diese Warnungen verhallten ungehört. Der V. RGI-Kongreß bezog noch im selben Jahr auf Pers Linie Stellung. Um die Jahreswende erfolgten die wichtigsten Gründungen: Roter Metallarbeiterverband und Roter Bergbauverband. Weitere kleine Verbände folgten.

Gleichwohl griff Heckerts Kritik zu kurz: Wer von der grundlegenden Richtigkeit der Sozialfaschismustheorie ausgeht und auf jeden Fall über kurz oder lang neue Organisationen will, der muß auch bestimmte praktische Konsequenzen des Verhaltens der RGO-Anhänger und der Reformisten in Kauf nehmen. Das kann allerdings wesentlich verschärft werden durch eine von Heckert kritisierte Politik.

c. Gleichzeitige innergewerkschaftliche Arbeit

Ob mit hohlen Worten begründet oder taktisch ernst gemeint, alle Theoretiker der RGO mußten am Postulat gleichzeitiger innergewerkschaftlicher Arbeit festhalten. Als die Erfolglosigkeit der RGO immer deutlicher wurde, sahen sich die stalinistischen Bürokraten gezwungen, dafür eine Erklärung zu geben. Diese Erklärung suchten sie nun darin, daß die RGO-Anhänger systematisch die Arbeit in den 'sozialfaschistischen' Verbänden vernachlässigten oder überhaupt aufgaben. Beispielhaft dafür sind die Beiträge Losowskys, des russischen Vorsitzenden der RGI, z.B. in seinem Aufsatz "Der Kampf um die Massen und die reaktionären Gewerkschaften" (September 1931).

Die Erfolge der RGO stünden in keinem Verhältnis zur objektiven Lage. Daß der Kampf um die Mehrheit der Arbeiterklasse gehe und damit um die Mehrheit derjenigen Arbeiter, die unter dem Einfluß des internationalen Reformismus stünden, sei klar. "..diese grundlegende strategische Aufgabe wurde zu den verschiedensten Zeiten und in den verschiedensten Ländern in verschiedener Weise geführt. Alles richtete sich nach der Situation, nach dem Kräfteverhältnis zwischen der Arbeiterklasse und der Bourgeoisie und dem Kräfteverhältnis innerhalb der Arbeiterklasse selbst. Aber was sich wie ein roter Faden durch alle Peripetien des Kampfes hindurchzieht, was stets als unbestrittene Wahrheit galt, ist die Notwendigkeit einer Arbeit unter den Arbeitern, wie reaktionär auch die Organisationen sein mögen, denen diese Arbeiter angehören" (28).

Soweit die abstrakte Gelehrsamkeit des Bürokraten. Aber daß RGO-Politik und innergewerkschaftliche Arbeit zu immanenten Widersprüchen führen, wollte in seinen Kopf nicht hinein.

"..sehen wir gewisse Erfolge auf dem Gebiet der Entfaltung der revolutionären Gewerkschaftsbewegung.....gleichzeitig ist jedoch ein Verlust wichtigster Positionen zu verzeichnen, was die reaktionären Mannöver der Gewerkschaftsbürokratie erleichtert" (29).

Woher kommt das? Die Arbeiter wissen doch, daß noch mehrere Millionen Ende 1931 in diesen Verbänden organisiert sind. Die erhöhten Schwierigkeiten innergewerkschaftlicher Arbeit seien dafür keine Erklärung. Die

RGO sei ja auch erheblich stärker geworden.

"Es gibt noch einen anderen triftigeren Grund und dieser besteht darin, daß unter einem Teil der Funktionäre der RGO folgende metaphysische Fragestellung verbreitet ist: entweder Schaffung selbständiger Verbände oder Arbeit in den reformistischen Gewerkschaften" (30). Diese Fragestellung sei natürlich falsch, denn für die eigenen Verbände brauche man ja eben die Massen aus den reformistischen Organisationen. Die 'Stimmungen' der kommunistischen Arbeiter könnten das anscheinend nicht begreifen. Sie seien ungefähr so zu charakterisieren: "Die Mitglieder der reformistischen Gewerkschaften werden letzten Endes doch zu uns kommen. Wollen wir uns mit allgemeiner Agitation und Propaganda befassen, wollen wir nur für die neuen Verbände Sorge tragen. Die Arbeiter werden es einsehen, daß unsere neuen Verbände besser sind als die alten" (31). Oder: "Es gibt noch einen anderen Gedankengang. Gewerkschafter, die in den selbständigen Verbänden beschäftigt sind, urteilen ungefähr folgendermaßen. 'Wir, die wir an der Spitze selbständiger Verbände stehen, müssen uns nur mit diesen Verbänden befassen, während es die Sache der anderen – der Partei, der RGO – ist, sich mit der Arbeit innerhalb der reaktionären Verbände zu beschäftigen'" (32). Und: "..man bekommt noch folgende Erwiderung zu hören: 'In den reformistischen Gewerkschaften kann man nicht so arbeiten, wie wir es gerne wollten. Dort gibt es keine Verbandsdemokratie, der geringste Versuch, die eigene Politik der reformistischen entgegenzustellen, endet mit einem Ausschluß'" (33).

So reagierte der stalinistische Bürokrat auf die Mißerfolge seiner eigenen Strategie. So schob er alles den Stimmungen der Arbeiter, die er selber zum großen Teil produziert hatte, in die Schuhe.

1. Hatte er nicht selber durch die Bestimmung: Faschisierung des Gewerkschaftsapparates bis auf die untersten Ebenen den Arbeitern implizit die Unmöglichkeit innergewerkschaftlicher Politik suggeriert? Ihre Passivität potenziert in einem Augenblick, wo die schlechte RGO gleichwohl der Ausdruck für eine starke innergewerkschaftliche Organisationskraft war?

2. Hatte er nicht auf dem V. RGI-Kongreß beschlossen, daß die Parole 'Hinein in die Gewerkschaft'für Unorganisierte gestrichen wird? Sollten sie nicht gleich in die eigenen Verbände gehen, damit objektiv und psychologisch die Kraft in den Verbänden der Reformisten geschwächt werde ?

3. Hatte er nicht selber durch die Augenwischerei mit den Erfolgen der RGO proklamiert, daß die Strategie des exemplarischen Beispiels selbst unter schwersten Krisenbedingungen sinnvoll sei?

4. Hatte er nicht das Bewußtsein der Arbeiter forciert, daß KPD und RGO im Grunde dasselbe sind? Daß auf dieser revolutionsvoluntaristischen Basis die Arbeiter gewonnen werden sollen und nicht auf der Basis einer erfolgreichen praktischen Politik?

5. Schickte er nicht die Arbeiter in die reaktionären Verbände mit dem

Ziel, nicht die dortige Basis an Ort und Stelle in die Lage zu versetzen, für eine revolutionäre Gewerkschaftspolitik zu kämpfen, sondern Propaganda für die eigene schwache Organisation zu machen? Potenzierte das nicht deren Widerstand und den der Bürokraten?

6. Verlangte er nicht vom revolutionären Arbeiter, neben der enormen Organisationslast zum Aufbau der eigenen Verbände auch noch im großen Ausmaß innergewerkschaftliche Politik zu machen ? Schizophren war nicht das Bewußtsein der KP-Arbeiter, sondern Strategie und Ansprüche der KPD-Bürokratie. Die Arbeiter zogen nur die Konsequenz. Wenn überhaupt, dann engagierten sie sich fast nur in den neuen Verbänden oder sie traten massenhaft aus den Reformistenverbänden aus, ohne irgendetwas zu machen. Sie pfiffen auf die strategische Melodie der Bürokratie ihren eigenen praktischen Refrain.

10. Verpaßte Möglichkeiten

Eine innergewerkschaftliche Strategie hätte sowieso nur erfolgreich sein können, wenn eine richtige Einheitsfrontpolitik gegenüber der SPD verfolgt worden wäre. Es gibt kaum einen Zweifel daran, daß die ideologische Fixierung des Proletariats an den Gewerkschaftsreformismus in der Auflösung begriffen war. Die Gewerkschaften boten nichts mehr. Die SPD hatte immer noch einen größeren Spielraum für parlamentarische Manöver. Der objektive Bankrott des Reformismus ließ das Bewußtsein nicht unangetastet. Und es kann auch keine Rede davon sein, daß große Teile der Arbeiter zu den Faschisten übergelaufen wären. Die Wahlergebnisse bis 1933 sprachen klar dagegen. Verzweiflung und passive Hilflosigkeit waren die Folge. Sie konnten nicht dadurch gewendet werden, daß man selber verzweifelte Streikaktionen unternahm, und nicht dadurch, daß man eine Politik der "Einheitsfront von unten" machte, die den Arbeitern das revolutionäre Ultimatum stellte. Die KPD sprach nur von der Stärke des Gewerkschaftsapparates. Aber sie begriff nie ihre eigene Stärke als Partei und als revolutionäre Gewerkschaftsopposition, die die Chancen der Umwälzung der Gewerkschaften von innen enorm erhöhten. Nie war die Basis größer, die sich in den Organisationen gegen die bürokratische Politik wenden wollte und konnte. Tausende von Gewerkschaftsveranstaltungen fanden statt. Außerhalb und innerhalb der Betriebe. Die Bürokratie besitzt Statuten, Gelder und Presse. Sie besaß zwischenbetriebliche Kommunikationskanäle; aber sie besaß keine Maschinengewehre. Durch ihr Festhalten an einer konterrevolutionären Politik hätte sie vor aller Augen wirklich ausgespielt. Dann hätten sich zweifellos wirksame überbetriebliche Kampfkomitees gebildet. Ob sie zu einer neuen Gewerkschaftsopposition geworden wären, die die Macht gehabt hätte, die reformistische Führung abzusetzen und die alten Verbände völlig zu erobern, oder ob sie sich zu Räteansätzen entwickelt hätten, sei dahingestellt.

Zusammenfassend läßt sich sagen, daß den Begründungen für die Notwendigkeit und Möglichkeit der RGO nicht nur ein Außerachtlassen der veränderten Bedingungen für den gewerkschaftlichen Kampf in der Krise, sowie ein Ignorieren des Unterschieds von gewerkschaftlichen und politischen Kämpfen zugrunde lag. Diese Begründungen resultierten und resultieren vor allem auch aus einer falschen politischen Einschätzung des Reformismus, seines Charakters und der Grenzen innerhalb der sich sozialdemokratische Politik als eine reformistische verändern kann. Darüber hinaus konnte und kann das organisatorische Prinzip "Einheitsfront von unten", so wie es von der RGO praktiziert wurde, grundsätzlich nicht dazu geeignet sein, dem Kampf der noch reformistisch orientierten Arbeiter eine revolutionäre Perspektive zu geben.

11. Die Neuauflage der RGO

Die maoistische Gruppe KPD hat für den Aufbau der RGO folgende Konzeption entworfen:

In der "ersten Etappe" des Aufbaus der RGO gehe es darum die "wirklich fortschrittlichen Kräfte" zu einer Opposition zusammenzuschliessen, die den Abwehrkampf gegen das Kapital auch ohne und gegen die reformistischen Führer aufnimmt. Die bewußte Perspektive dieser Opposition müsse in der Forderung bestehen: "Abschaffung des kapitalistischen Lohnsystems" (!!!). Es gehe um den Aufbau einer Bewegung "gegen Kapitalisten, gegen Reformisten und DKP/SEW-Revisionisten" (!!). Das sei die Grundlage für die innergewerkschaftliche Fraktionsarbeit. Auf dieser Basis sei für "fortschrittliche" VL-Körper und Betriebsräte zu kämpfen.

Der "gesetzmäßige Abbau der Demokratie" in den reformistischen Gewerkschaften (?) werde auf einer höheren Stufe des Klassenkampfes unvermeidbar zu Massenausschlüssen führen. Nun werde es erforderlich sein, "mit Hilfe eines organisatorischen Apparats der RGO...die Ausgeschlossenen mit den revolutionären Mitgliedern der reformistischen Gewerkschaften auch organisatorisch zu vereinigen". Es gehe um den entschiedenen "Kampf um die Wiederaufnahme der Ausgeschlossenen durch Solidaritätskomitees usw." (??) Der "freiwillige Austritt" (!!) aus den DGB-Gewerkschaften müsse ideologisch niedergehalten werden; die RGO werde in dieser "zweiten Etappe" noch nicht den Aufbau selbständiger Verbände bedeuten.

Wenn aber "die Kämpfe der Arbeiterklasse in der BRD und in Westberlin ein hohes Niveau (???) erreicht haben, wenn die wirtschaftlichen Kämpfe umfassend politischen Charakter angenommen haben (??), die reformistischen Gewerkschaftsführer immer mehr zum Mittel der Massenausschlüsse greifen und damit die Voraussetzungen geschaffen werden, daß selbständige rote Gewerkschaften breite Massenorganisationen" werden (!!!),

dann stehe die Gründung roter Verbände auf der Tagesordnung. Diese
"dritte Etappe" sei zugleich die, in der das Proletariat unter Führung seiner kommunistischen Partei zur Offensive gegen das Kapital über-
gehe (34).

Begründet wird dieses RGO-Konzept mit dem angeblich "gesetzmäßigen
Abbau der Demokratie" in den reformistischen Gewerkschaften, der die
Eroberung der bestehenden Verbände unmöglich mache. Somit erhält kon-
sequenterweise die innergewerkschaftliche Fraktionsarbeit während der
ersten beiden Etappen eine rein taktische Bedeutung. Ziel des Kampfes
gegen die sozialdemokratischen Führer ist es nicht, die bestehenden Gewerkschaften wieder zu Kampfinstrumenten der Arbeiterklasse zu machen.
Dies wird als illusorisch abgetan. Zweck der innergewerkschaftlichen
Auseinandersetzungen ist es darum, für die dritte Etappe den organisatorischen Kern selbständiger, revolutionärer Verbände zu bilden. Dabei
wird von der sich in der RGO zusammenschließenden Opposition nur
(nur !!) verlangt, für die Abschaffung des kapitalistischen Lohnsystems,
gegen Reformismus und Revisionismus zu kämpfen. Es ist klar, daß die
für den gewerkschaftlichen Kampf notwendige Einheit zwischen revolutionären und noch nicht revolutionären Arbeitern auf dieser Basis nicht zustande kommen kann.

Darum aber scheint die studentische KPD sich auch in ihrer Praxis nicht
sonderlich zu kümmern. Das zeigt z.B. ihr Auftreten in der letzten Chemietarifrunde vor Schering in Westberlin. Ihre weitere Propaganda für
eine 200 DM-Forderung, die, nachdem sie leider so gut wie keine Unterstützung in den Betrieben gefunden hatte, trotzdem der offiziellen
12%-Forderung entgegengestellt wurde, war eine Farce (35). Es liegt auf
der Hand, daß mit einer solchen Politik, die in keiner Weise das Bewußtsein und die Kampfkraft der Arbeiter berücksichtigt, die RGO schon in
ihrer ersten Etappe scheitern muß.

Was die dritte Etappe betrifft, so bleibt es unklar, wann der Aufbau
selbständiger roter Verbände beginnen soll. Hierzu heißt es lediglich:
wenn die Klassenkämpfe ein "hohes Niveau" erreicht und "umfassend
politischen Charakter" angenommen haben und wenn die reformistischen
Gewerkschaftsführer "immer mehr zum Mittel der Massenausschlüsse" greifen.

Nun, einmal kann man davon ausgehen, daß die reformistischen Gewerkschaftsführer das Mittel der Massenausschlüsse nicht so sehr strapazieren
werden, daß sie damit ihre eigenen Organisationen und damit auch ihren
politischen Einfluß innerhalb der Arbeiterbewegung zerstören. So leicht
werden sie es den Revolutionären gewiß nie machen; sie werden gewiß
nie die Mehrheit der Mitglieder ausschließen. Und das wird wohl auch
nicht damit gemeint sein, wenn betont wird, daß die Massenausschlüsse
die Voraussetzungen schaffen werden, unter denen selbständige rote Verbände breite Massenorganisationen werden. Bei welcher Anzahl von Aus-

schlüssen sind dann aber die Voraussetzungen hinreichend für die Gründung roter Verbände? Reichen 100 000 Ausgeschlossene? Oder 300 000? Soviel Mitglieder hatte die RGO in der Zeit von 1929 bis 1932. Warum sollten 100 000 aus den Gewerkschaften ausgeschlossene Mitglieder für den Beginn, revolutionäre Gewerkschaften aufzubauen, nicht genug sein?

Wenn man davon ausgeht, daß noch weitere und größere Massenausschlüsse folgen werden, und daß die RGO, wenn sie anfängt, den gewerkschaftlichen Kampf, der in den reformistischen Verbänden blockiert wird, konsequent selbständig zu führen, einen Massenzulauf bekommt, dann ist nicht mehr einsehbar, warum man mit dem Aufbau von selbständigen Verbänden noch warten soll, wenn man schon 100 000 oder 300 000 Anhänger hat. Es sei denn, man glaubt, daß der Massenzulauf sich entscheidend verzögern wird, weil das Niveau der Klassenkämpfe noch nicht hoch genug ist. Wie hoch aber muß das Niveau der Kämpfe der Arbeiterklasse sein? Wie umfassend muß der politische Charakter der Kämpfe sein? Wo ist der Maßstab, um die entscheidende politische Situation erkennen zu können? War die politische Situation in der Phase 1928–33 nicht schon reif genug für den Aufbau revolutionärer Verbände? Und wenn nicht – wie und woran hätte man den richtigen Zeitpunkt bestimmen können?

Große gewerkschaftliche Kämpfe können sich sehr spontan zu allgemeinen politischen Kämpfen entwickeln. Das wird umso eher geschehen, wenn wirtschaftliche und politische Krisensituationen herrschen. Dann können die proletarischen Kämpfe auch mit einem Mal in revolutionäre Kämpfe, in Kämpfe um die politische Macht, umschlagen. Diese revolutionären Kämpfe werden aber, wenn sich die revolutionäre Führung nicht als stark genug erweist, nicht weitergetrieben werden können bzw. scheitern. Sie können sich dann, wenn die proletarische Kampffront nicht völlig aufgerieben wurde, auf einer tieferen Stufe des politischen bzw. gewerkschaftlichen Kampfes reorganisieren.
Niemand kann, wenn das Proletariat seinen Kampf aufnimmt, im voraus mehr als nur die Notwendigkeit bzw. Nicht-Notwendigkeit, die Möglichkeiten und die Wahrscheinlichkeit seiner Entwicklung einschätzen. Wenn es z.B. in einer Krisensituation zu einem großen gewerkschaftlichen Kampf kommt, dann kann man sicher sagen, daß dieser Kampf durch das Eingreifen der staatlichen Gewalt politisiert wird, falls er nicht vorzeitig abgebrochen wird. Ob nun aber dieser Kampf in einen großen allgemeinen politischen, wenn nicht gar revolutionären umschlagen wird, ist nicht voraussehbar, außer als bloße Möglichkeit und Wahrscheinlichkeit bei jeweils vorausgesetzten gegebenen und noch nicht gegebenen bestimmten notwendigen und möglichen positiven oder negativen Bedingungen. Wenn nun aber der Kampf revolutionäre Formen angenommen hat, dann ist es weiterhin nur möglich, ganz grob einzuschätzen, ob der revolutio-

näre Kampf um die politische Macht des Proletariats erfolgreich weitergetrieben werden kann; und wenn nicht, ob er und auf welcher Ebene
des politischen und gewerkschaftlichen Kampfes er reorganisiert werden
kann.

Da man also nicht mehr tun kann (aufgrund der gemachten Erfahrungen
und der Analyse derselben), als die Möglichkeiten und die Wahrscheinlichkeit der weiteren Entwicklung des proletarischen Klassenkampfes grob
einzuschätzen; wird man schon gar nicht in der Lage sein, den Zeitpunkt im voraus zu bestimmen, von dem an der proletarische Kampf wieder eine neue qualitative Dimension erhält. Das ist ein Problem für die
RGO-Strategen: sie würden zwangsläufig zu den unterschiedlichsten Ver-
mutungen kommen, wenn es darum ginge, den Beginn der dritten Etappe
zu bestimmen. Besonders deshalb, weil die Bestimmung "hohes Niveau"
der Klassenkämpfe durch nichts inhaltlich bestimmt ist. Das ist sicherlich
kein Zufall: würde nämlich eine solche inhaltliche Bestimmung vorgenommen, dann wäre es kaum noch möglich, mit der RGO-Strategie noch
weiter hausieren zu gehen.

Es gibt in diesem Zusammenhang zwei wichtige, mögliche inhaltliche
Bestimmungen für das politische Niveau der Kämpfe des Proletariats. Entweder sie sind noch geprägt vom politischen Einfluß der reformistischen
Führer oder nicht. Das hängt entscheidend davon ab, ob die Illusionen
der Mehrheit des organisierten Proletariats über die reformistischen Führer
schon weitgehend zerbrochen sind oder noch bestehen. Sind die Illusionen über die reformistische Führung noch nicht weitgehend zerbrochen,
dann wird der Aufbau revolutionärer Verbände zur Spaltung der Arbeiterbewegung führen, wie es sich in der Phase 1928-33 erwiesen hat.
Hat sich aber die Mehrheit des organisierten Proletariats schon von der
reformistischen Gewerkschaftsführung weitgehend losgesagt, dann gibt es
zwei Möglichkeiten für die weitere organisatorische Entwicklung ihres
Kampfes. Entweder es gelingt ihr, die reformistischen Führer abzusetzen,
um so ungehindert auch den politischen Kampf innerhalb der bestehenden,
aber reorganisierten Verbände weiterführen und vorantreiben zu können,
oder - was wahrscheinlicher ist - es wird eine Rätebewegung entstehen
(wobei die Räte zunächst wohl nicht mehr als nur eine potentielle revolutionäre Macht darstellen werden).

In beiden Fällen werden selbständige rote Verbände der RGO überflüssig.
Warum sollten die Arbeiter, wenn sie die alten Verbände weitgehend
(oder gänzlich) von der Macht der reformistischen Führer befreit haben,
bzw. wenn sie sich schon weitgehend (oder gänzlich) unabhängig von
ihnen in Räten organisiert haben, sich noch bei der RGO organisieren?
Sie werden von den Kommunisten nicht verlangen, den organisatorischen
und politischen Gang ihres Kampfes vorauszuprogrammieren, sondern ihren Kampf auf der jeweiligen Stufe der Klassenauseinandersetzungen voll
zu unterstützen und dabei von der jeweiligen Stufe der Klassenkämpfe

ausgehend weitere einsichtige, notwendige und mögliche Kampfperspektiven aufzuzeigen.

Abschließend kann zum "Drei-Etappen-Programm" der studentischen KPD gesagt werden, daß es die RGO-Strategie von 1928-33 nicht wesentlich modifiziert.

Was die erste Etappe der RGO betrifft, so mußte sie 1928 von der KPD nicht berücksichtigt werden, da diese ja schon einen großen Einfluß in den reformistischen Gewerkschaften aufgebaut hatte; allerdings ohne RGO-Strategie. Und die beiden letzten Etappen wurden in der Zeit von 1928-33 schon praktiziert. Auch damals bedeutete die RGO nicht den sofortigen Aufbau selbständiger roter Verbände. Dazu entschloß man sich erst Ende 1930. Zu der Zeit erklärte Thälmann in einer Berliner Funktionärsversammlung, "daß (die Einführung von Mitgliedsbüchern der RGO) der letzte und entscheidende Schritt zum grundsätzlichen Aufbau neuer Gewerkschaften und damit zur generellen Spaltung der deutschen Gewerkschaften ist" (36).

12. Prinzipien und Ziele revolutionärer Gewerkschaftspolitik

Wenn damit die RGO-Strategie, die mit dem Aufbau von einer zunächst nur innergewerkschaftlichen revolutionären Opposition das Ziel verfolgt, letztlich selbständige rote Verbände zu gründen, als falsch abgelehnt wird, so wird damit nicht etwa der Aufbau revolutionärer Fraktionen innerhalb der bestehenden Gewerkschaften abgelehnt. Im Gegenteil: die Schaffung von revolutionären, d.h. kommunistischen Fraktionen ist notwendig. Nur eine starke kommunistische Opposition wird in der Lage sein, den Kampf des gewerkschaftlich organisierten Proletariats wirksam voranzutreiben, ihn zu revolutionieren bzw. seine Revolutionierung entscheidend zu beschleunigen. Das wird jedoch nur dann möglich sein, wenn die Kommunisten folgendes beachten:

1. Die kommunistischen Kader sollten, soweit es die Bedingungen erlauben (d.h. soweit sie nicht gezwungen sind, in der Illegalität zu arbeiten bzw. soweit sie einen entsprechenden Rückhalt in den reformistischen Verbänden haben) offen als revolutionäre Opposition auftreten und als solche den noch nicht revolutionären Arbeitern Aktionsbündnisse anbieten. Sie dürfen dabei jedoch nicht erwarten, daß sich die noch nicht revolutionären Arbeiter in der revolutionären Opposition organisieren werden. Eine gemeinsame gewerkschaftliche Kampffront von revolutionären und noch nicht revolutionären Arbeitern kann nicht auf der Basis revolutionärer Opposition zustande kommen, sondern nur auf der Basis militanter innergewerkschaftlicher Opposition zu bestimmten Zielen und Zwecken. Die revolutionäre Opposition wird in den Gewerkschaften nur insoweit

wachsen können, wie es ihr gelingt, durch solche Bündnisse im gemeinsamen Kampf mit den noch nicht revolutionären Arbeitern diesen zu zeigen, daß der revolutionäre proletarische Kampf notwendig und möglich ist.

2. Es wäre falsch, für die Organisierung gewerkschaftlicher Kämpfe eine "Einheitsfront von unten" im Sinne der RGO schaffen zu wollen. Wenn man nicht versucht, die reformistischen Gewerkschaftsführer in ein Kampfbündnis einzubeziehen, um es von vornherein unter Führung der Kommunisten zu stellen, dann wird den noch nicht revolutionären Arbeitern ein revolutionäres Ultimatum gestellt. Nur wenn es den Kommunisten durch unausgesetzten Kampf gegen die sozialdemokratischen Führer und ihre Taktik und durch ernsthafte Unterstützung der gewerkschaftlichen Auseinandersetzungen und Kämpfe gelingt, die große Mehrheit der noch nicht revolutionären Arbeiter davon zu überzeugen, daß der selbständige Kampf ohne sozialdemokratische Gewerkschaftsführung nicht wegen der ihnen noch fernen Revolutionsziele, sondern wegen ihrer unmittelbaren Interessen geführt werden muß, kann eine wirkliche Einheitsfront von unten entstehen. In dieser Einheitsfront zwischen revolutionären und noch nicht revolutionären Arbeitern würden zwar die Kommunisten führen; damit wäre jedoch diese Kampffront noch nicht revolutionär. Auch wäre ihre Organisierung nur solange möglich, wie die sozialdemokratischen Gewerkschaftsführer dem Druck von unten nicht entsprechend nachgeben. D.h. es kann nicht generell eine Politik der Einheitsfront von unten gemacht werden und auf keinen Fall eine im Sinne der RGO.

Führte die RGO-Strategie in der Zeit von 1928-33 zur Spaltung der Arbeiterbewegung, so würde sie heute verhindern, daß die Isolation der hauptsächlich studentischen Gruppen der revolutionären Linken von der Arbeiterklasse durchbrochen werden kann, was die Voraussetzung für den Aufbau eines Kerns einer neuen revolutionären Partei wäre. Aufgabe der revolutionären Linken ist es deshalb, den Kampf um die Eroberung der bestehenden Gewerkschaften zu führen. D.h. als innergewerkschaftliche Opposition die Mehrheit des organisierten Proletariats zu gewinnen. Ob es darüber hinaus in einer Phase des beginnenden revolutionären Umbruchs möglich sein wird, auch alle entscheidenden Führungsgremien der reformistischen Gewerkschaften völlig neu zu besetzen, und die bestehenden Verbände völlig zu demokratisieren, das kann nicht im voraus beantwortet werden. Wahrscheinlich werden sich die reformistischen Gewerkschaftsorganisationen als zu starr erweisen, so daß es den Massen des organisierten Proletariats, deren Illusionen über den Reformismus schon zerbrochen sind oder gerade zerbrechen, nicht schon in den ersten Phasen des revolutionären Umbruchs gelingen wird, die reformistische Führung davonzujagen. Wahrscheinlich wird die alte reformistische Führung immer wieder durch neue, in die Verbände strömende zurückgebliebenere

Schichten des Proletariats gestärkt werden. Deshalb wird sich wahrscheinlich der Kampf der Arbeitermassen, die ihre Illusionen über den Reformismus oder zumindest über die reformistischen Führer schon weitgehend verloren haben, neue Bahnen brechen, und zwar an den bestehenden Verbänden vorbei. In einer Rätebewegung kann der proletarische Kampf revolutionäre Formen annehmen. Die Aufgabe der Kommunisten wird es dann
sein, den Kampf gleichermaßen in der Rätebewegung wie auch innerhalb
der noch bestehenden reformistischen Verbände voranzutreiben. Falsch
aber wäre es, den Gang des wahrscheinlich außerhalb der bestehenden
Gewerkschaften stattfindenden revolutionären Kampfes durch eine RGO-
Strategie im voraus modeln zu wollen. Eine noch so kluge Taktik wird
die der RGO-Politik immanenten Widersprüche nicht überwinden können.

Anmerkungen:

(1)   "Das rote Gewerkschaftsbuch"(RGB), Berlin 1932, S. 137/138 (auch
      als Reprint erhältlich).
(2)   Angaben nach H. Weber in "Die Wandlungen des deutschen Kom-
      munismus", Frankfurt/M. 1969, Bd. 1, S. 363/364/366. Im ADGB
      waren dagegen 1930 4,7 Millionen Mitglieder organisiert: siehe
      F. David in "Der Bankrott des Reformismus", Berlin 1932, S. 254.
(3)   Zitat aus Heft II der Reihe "Revolutionäre Gewerkschafts-Opposi-
      tion" (RGO II.), S. 667. Diese Reihe umfaßt 6 Hefte, die Auszü-
      ge aus dem offiziellen Organ der RGO "Betrieb und Gewerkschaft"
      enthalten. Nur etwa 1/3 der Artikel dieser Zeitschrift sind darin
      veröffentlicht. Das Auswahlkriterium - und ob es überhaupt ein be-
      stimmtes gab - ist nicht bekannt.
(4)   RGO IV., a.a.O., S. 292.
(5)   Rote Fahne vom 6.6.1931; zitiert nach dem RGB, a.a.O., S. 139.
(6)   Das schließt natürlich nicht aus, daß es heute z.B. möglich wäre,
      daß revolutionäre Gruppen sich um ein Vielfaches ihrer selbst ver-
      größern können. Eine solche Ausdehnung würde aber hauptsächlich
      innerhalb der zersplitterten studentischen Linken und nicht auf der
      Basis eines wachsenden revolutionären Proletariats stattfinden: was
      nicht heißen soll, daß eine solche Ausdehnung unbedeutend wäre.
(7)   RGB, a.a.O., S. 140/141.
(8)   ebda., S. 142.
(9)   ebda., S. 130/131.
(10) ebda., S. 131.
(11) ebda., S. 132.
(12) ebda., S. 132/133.
(13) ebda., S. 137.
(14) ebda., S. 133.

(15) ebda., S. 134.

(16) Auf die Unsinnigkeit der Sozialfaschismustheorie wird im Anhang dieses Bandes ("Zur Einheitsfrontpolitik der KPD in der Phase 1928-33") eingegangen.

(17) Die SPD wird heute zwar nicht mehr von den Arbeitern als Klassenpartei im strengen Sinne aufgefaßt, wohl aber immer noch als Arbeiterpartei. Sie wird von den Arbeitern als "Partei der Millionen gegen die Millionäre" begriffen. Das unterscheidet den Einfluß der Demokratischen Partei in Amerika als Volkspartei innerhalb der Gewerkschaften wesentlich vom Einfluß der SPD innerhalb der Arbeiterbewegung hier.

(18) Angaben über die Wahlergebnisse nach A. Rosenberg in "Geschichte der Weimarer Republik", Frankfurt/M. 1961, S. 72 u.99; Angaben über die Vereinigung von KPD und linke USPD nach H. Weber, a.a.O., S. 40.

(19) F. David argumentiert in seinem "Bankrott des Reformismus" (a.a. O.) etwa folgendermaßen: Marx, Engels und im Anschluß an sie Lenin hätten den Reformismus der Gewerkschaften daraus abgeleitet, daß die Arbeiterbürokratie in den Gewerkschaften und eine kleine bevorzugte Minderheit in der Arbeiterklasse von imperialistischen Surplusprofiten profitiere. Diese Profite seien nach dem Weltkrieg für Deutschland weitgehend entfallen. Es werde vielmehr über den Versailler Vertrag und die amerikanischen Anlagen selber zum imperialistisch ausgebeuteten Konkurrenten. Allerdings würden diese Verluste zum Teil durch gestiegene inländische Profite wettgemacht , aus denen die Arbeiteraristokratie gespeist würde. Deren Zusammensetzung habe sich nun geändert. Unter sie fielen keineswegs mehr die gelernten Arbeiter. Nicht nur habe sich im Vergleich zur Vorkriegszeit die Lohnspanne zwischen gelernten und ungelernten Arbeitern verringert und verringere sich weiter, sondern sie seien nun auch von Arbeitslosigkeit betroffen und bedroht. Zur immer dünner werdenden Schicht der Arbeiteraristokratie gehören nicht mehr die hochqualifizierten Arbeiter, sondern die treu ergebensten (sinnlose Bestimmung, d.Verf.), die auch die betrieblichen Kommunikationsorgane der Gewerkschaftsbürokraten seien.
Unter den Bedingungen des objektiven Scheiterns des Reformismus vollziehe sich einerseits dessen Bankrott auch mit einer gewissen Notwendigkeit im Bewußtsein jener Schichten der Klasse, die seine Träger gewesen sind. Andererseits verwandele sich die Gewerkschaftsbürokratie nun in ein aktives Organ des kapitalistischen Staates zur Verhinderung von Arbeitskämpfen. - David wählt dafür nicht die Bezeichnung "Sozialfaschismus"; er ist aber in diesem Fall nicht repräsentativ für die KPD.

(20) H. Weber: a.a.O., S. 191

(21) RGB, a.a.O., S. 133/134.

(22) RGO II, a.a.O., S. 634.

(22a) siehe : H.Weber: "Die Wandlungen des deutschen Kommunismus",
Frankfurt/M. 1969, S. 242/243
In "wenigen Fällen (kam es)...zu einem Zusammengehen mit den
Rechtsextremisten . Das markanteste Beispiel dafür war der preus-
sische Volksentscheid 1931. NSDAP und Deutschnationale hatten
ein Volksbegehren gegen die sozialdemokratisch geführte Preußen-
regierung eingebracht. Dagegen wandte sich die KPD. Im April
1931 erklärte Thälmann: 'Wir können selbstverständlich nicht mit
den Faschisten gegen die Preußenregierung ein gemeinsames
Volksbegehren durchführen. Ein Vierteljahr danach änderte die
KPD ihre Taktik und beteiligte sich mit den Nationalsozialisten
am Volksentscheid. "

(23) RGB, a.a.O., S. 141/142.

(24) RGO IV, a.a.O., S. 286.

(25) ebda., S. 326.

(26) ebda., S. 323/324.

(27) ebda., S. 329.

(28) RGO V., a.a.O., S. 262.

(29) ebda., S. 263.

(30) ebda., S. 263.

(31) ebda., S. 263/264.

(32) ebda., S. 264.

(33) ebda., S. 265.

(34) "Die Revolutionäre Gewerkschafts-Opposition", Verlag Rote Fahne,
Westberlin 1972, Bd. 1, S. 89/90.

(35) siehe: Vorwort (Abschnitt 3) dieses Bandes.

(36) RGB, a.a.O., S. 138.

ANHANG

ZUR EINHEITSFRONTPOLITIK DER KPD IN DER PHASE 1928-33

1. Vorbemerkung

Jede Strategie einer revolutionären Partei will das Bewußtsein der Arbeiterklasse revolutionieren. Die Schwierigkeit besteht darin, daß große Teile der Klasse in nicht-revolutionären politischen Organisationen und reformistischen Gewerkschaften organisiert sind. Als kollektiver Theoretiker und erfahrener Praktiker kann die Partei eine erklärende proletarische Kritik an diesen Organisationen und ihrer Politik liefern. Aber für jede revolutionäre Partei besteht das Problem, daß ihre Erfahrungen nicht die der ganzen Arbeiterklasse sind. Die Aufgabe der Partei besteht darin, eine praktische Strategie zu entwickeln, durch die die Masse der Arbeiter lernen kann, Erklärungen und Kritik der Partei an den reformistischen Organisationen nachzuvollziehen und daraus eine revolutionäre Handlungsperspektive zu gewinnen. Es wird sich zeigen, daß die Strategie, die die KPD 1928 gegenüber der SPD und den Gewerkschaften einschlug, das nicht leisten konnte.

2. Kritik der Thesen vom existierenden Faschismus und Sozialfaschismus

Zwei theoretische Aussagen bestimmten seit 1928 wesentlich die Klassenkampfstrategie der KPD:
1. Der Faschismus sei in Deutschland bereits etabliert und zwischen Brüning und Hitler bestehe kein Unterschied.
2. Die Sozialdemokratie und die Gewerkschaften seien in Gestalt ihrer Führer Teil des Faschismus: Sozialfaschisten.
Das strategische Prinzip, das daraus folgte, war die "Einheitsfrontpolitik von unten".
Die Hauptanstrengung der KPD war darauf gerichtet, "zu beweisen, daß zwischen Brüning-Regime und Hitler-Regime kein Unterschied" bestehe (1). Der Faschismus habe sich bereits etabliert. In der Tat, nach formal-"demokratischen" Kriterien war von der Weimarer Verfassung und den parlamentarischen Abstimmungen unter Brüning nicht mehr viel übrig geblieben. Aber vom Standpunkt der proletarischen Organisationen aus gesehen noch allerhand. Das mußte der KPD anscheinend erst durch den Faschismus bewiesen werden.
Die KPD behauptete, daß die Unterscheidung zwischen Demokratie und Faschismus eine müßige Frage sei. Die herrschende Klasse sei doch die gleiche. Trotzki bemerkte dazu: "Zwischen Demokratie und Faschismus besteht kein Unterschied im 'Klasseninhalt', lehrt nach Stalin Werner Hirsch ("Die Internationale", Januar 1932)....Das soll offenbar bedeuten,

94

daß die Demokratie wie der Faschismus bürgerlichen Charakters ist. Das
haben wir auch vor dem Januar 1932 gewußt! Aber die herrschende Klasse lebt nicht im luftleeren Raum. Sie steht in bestimmten Beziehungen
zu den übrigen Klassen. Im 'demokratischen' Regime der entwickelten
kapitalistischen Gesellschaft stützt sich die Bourgeoisie vor allem auf
die von den Reformisten im Zaume gehaltene Arbeiterklasse...Im faschistischen Regime stützt sich das Kapital, zumindest im ersten Stadium, auf
das Kleinbürgertum, das die Organisationen des Proletariats vernichtet..
...Stellt man lediglich die Frage nach der herrschenden Klasse, so ist
kein Unterschied vorhanden. Nimmt man Lage und Wechselbeziehungen
aller Klassen, so zeigt sich - vom Standpunkt des Proletariats - ein
beträchtlicher Unterschied" (2).
Von der Klassenlage ist es abhängig, welche Bedeutung verschiedene politische Herrschaftssysteme konkret annehmen. "Für die monopolistische
Bourgeoisie stellen parlamentarisches und faschistisches System bloß verschiedene Werkzeuge ihrer Herrschaft dar: sie nimmt zu diesem oder je-
nem Zuflucht in Abhängigkeit von den historischen Bedingungen" (3). Für
die Organisationen der Arbeiterklasse (Gewerkschaften und Parteien) ist
der Unterschied jedoch eine Frage auf Leben und Tod. Im Faschismus
wird das Proletariat in den atomisierten Zustand zurückgeworfen. Das ist
von entscheidender politischer Bedeutung. Das Proletariat kann zwar nicht
im formalen Rahmen der bürgerlichen Demokratie zur Macht gelangen,
aber "gerade für den revolutionären Weg braucht es die Stützpunkte der
Arbeiterdemokratie innerhalb des bürgerlichen Staates" (4).
"Als Leitmotiv für ihre Forschungen über den Sozialfaschismus (hatte) 'Die
Rote Fahne' Stalins Worte erkoren: 'Der Faschismus ist eine Kampforganisation der Bourgeoisie, die sich auf die aktive Unterstützung der Sozialdemokratie stützt. Die Sozialdemokratie ist objektiv der gemäßigte Flügel
des Faschismus' . ....Daß die Bourgeoisie sich auf die Sozialdemokratie
stützt und der Faschismus eine Kampforganisation der Bourgeoisie darstellt,
ist völlig unbestreitbar....Doch daraus erhellt nur, daß Sozialdemokratie
wie Faschismus Werkzeuge der Bourgeoisie sind" (5). Daß die Sozialdemokratie überdies noch den "gemäßigten Flügel" des Faschismus bilden soll,
ist ein Unding. Zwischen Sozialdemokratie und Faschismus besteht eine
tödliche Differenz: "Die Sozialdemokratie kann ohne Arbeiter-Massenorga-
nisationen keinen Einfluß ausüben. Der Faschismus seine Macht nicht anders festigen als durch die Zerschlagung der Arbeiterorganisationen. Haupt-
arena der Sozialdemokratie ist das Parlament. Das System des Faschismus
fußt auf der Vernichtung des Parlamentarismus" (6).

3. Prinzipien und Ziele der Einheitsfrontpolitik

In ihrer Strategie gegenüber Sozialdemokratie und Gewerkschaften lautete
die Logik der KPD: Ohne den Sieg über die SPD und die Gewerkschaftsbüro-

kratie gibt es keinen Sieg über den Faschismus. Das war richtig. Aber ohne die Gewinnung der sozialdemokratischen Arbeiter konnte es auch keinen Sieg über den Faschismus geben.

Die wachsende Macht des Faschismus hing zweifellos ab von der Schwäche der proletarischen Bewegung. Diese Schwäche war bedingt durch die Blockierung der Kampfenergien des Proletariats in seinen reformistischen Organisationen. Gewerkschaftlicher und sozialdemokratischer Apparat, deren Existenzmilieu die bürgerliche Demokratie im Kapitalismus ist, fürchteten sich vor der proletarischen Revolution. Gleichzeitig fürchteten sie aber den Faschismus, der ebenfalls ihre Existenzbedingungen aufhebt. Ihre Angst, daß durch Auslösung von Kämpfen gegen die Kapitalisten und gegen die faschistische Bewegung der Charakter dieser Kämpfe eine sozialistische Massenperspektive annehmen könnte, hielt sie vom Kampf ab und verlagerte ihre Politik auf die des kleineren Übels (Tolerierung der Brüning-Regierung usw.)

Die Arbeitermassen in diesen Organisationen sahen die Schwäche dieser Politik. Sie erfuhren am konkreten Leibe das Ende des Reformismus, aber ihr Bewußtsein wurde dadurch nicht automatisch revolutioniert. So zwiespältig und kritisch ihr Verhältnis zum Reformismus wurde, so zwiespältig blieb ihr Bewußtsein gegenüber revolutionären Organisationen. Wann hatten diese praktisch bewiesen, daß sie für die Arbeiterklasse eine Alternative darstellen?

In der revolutionären Situation wächst das Bedürfnis der Klasse nach einheitlichen Aktionen, die allen einsichtig sind. Nie zuvor erfährt sie in solchem Ausmaß, wie schwach sie durch ihre politische Zersplitterung ist. Das muß die revolutionäre Partei in Betracht ziehen, wenn sie die reformistischen Organisationen besiegen will. Das erprobte traditionelle Mittel der Partei, um die Arbeiter von ihren reformistischen Organisationen zu lösen, ist die Einheitsfrontpolitik. Die Strategie der Einheitsfront beruht auf derselben Voraussetzung, durch die die revolutionäre Partei, die Avantgarde der Klasse, notwendig ist. Die revolutionäre Partei ist notwendig, weil das Proletariat real gespalten ist und kein einheitliches Klassenbewußtsein hat. Die Einheitsfrontpolitik ist die Kampfstrategie der revolutionären Partei, die die Uneinheitlichkeit des proletarischen Bewußtseins, das sich in seinen politischen und gewerkschaftlichen Organisationen niederschlägt, einkalkuliert und überwinden will.

Diese Strategie geht davon aus, daß das Proletariat als Klasse sein revolutionäres Bewußtsein nicht über Schulbücher gewinnt, sondern im gemeinsamen Klassenkampf. Die revolutionäre Partei muß deshalb der Klasse und ihren reformistischen Organisationen ein gemeinsames Aktionsprogramm anbieten. Dieses Aktionsprogramm muß so aussehen, daß es den zwingenden Bedürfnissen großer Teile der Klasse und nicht nur der revolutionären Vorhut entspricht. Große Teile der Klasse müssen sich damit identifizieren können: gleich, ob kommunistische oder sozialdemokratische Arbeiter.

Aber um kein entscheidendes Mißverständnis aufkommen zu lassen: große Teile der Klasse sind nach wie vor in den reformistischen Organisationen. Sie gehen nicht von alleine , gegen ihre Führung auf die Straße. Sie schenken deshalb noch keinem Kommunisten Vertrauen, der sagt: "Seht, dafür müssen wir kämpfen, das sind doch auch Eure Interessen. Laßt Eure Führer beiseite. Kommt zu uns und kämpft mit uns, Ihr braucht unserer Partei auch garnicht formell beizutreten". Warum sollten sie dieses Angebot annehmen? Haben sie nicht jahrelang reformistischen Organisationen angehört und sich damit gegen die revolutionäre Partei, gegen eine revolutionäre Alternative entschieden? Hatte die kommunistische Partei ihnen praktisch bewiesen, daß sie ihre Bedürfnisse besser vertritt? Konnte sie die faschistische Bewegung effektiver bekämpfen? Hatte sie die Notverordnungen verhindert? Hatte sie den Lohnabbau abgewehrt?

Die KPD hatte es nicht und sie konnte es nicht, eben weil sie die Klasse nicht hinter sich hatte. Weshalb sollten die sozialdemokratischen Arbeiter der KPD und der RGO deshalb im vorhinein mehr Kredit geben als der SPD- oder der Gewerkschaftsführung? Die Politik der Einheitsfront muß deshalb die reformistische Führung mit einbeziehen. Ihr und ihren Arbeitern muß das Aktionsprogramm angeboten werden. Dieses Aktionsprogramm hätte z.B. in einer bestimmten Phase lauten können: Sturz der Brüning-Regierung durch gemeinsame außerparlamentarische Massendemonstrationen und gemeinsame parlamentarische Stimmabgabe von KPD/SPD gegen die Notverordnungsregierung; Bildung gemeinsamer bewaffneter Komitees zum Schutz der eigenen Versammlungen und Demonstrationen, zur Bekämpfung des faschistischen Terrors usw.

Negativ lassen sich folgende Bedingungen angeben, wie Einheitsfrontpolitik nicht aussehen darf:

1. Vorschläge der revolutionären Partei an die reformistische Führung, die weder der Situation noch dem Bewußtsein der Massen entsprechen. Die Massen bleiben dann teilnahmslos und die sozialdemokratische Führung redet von Zersetzungspolitik.

2. Jagd nach Bundesgenossen auch um den Preis der eigenen organisatorischen Selbständigkeit.

Die Taktik der Einheitsfront geht davon aus, daß im Verlauf des gemeinsamen Kampfes der Widerstand des Kapitals und seiner Organe sich verschärfen bzw., daß das Kapital unter Umständen zurückweichen wird, und daß das Proletariat deshalb im Verlauf des Kampfes neue Aktionen zur Durchsetzung seiner Forderungen planen und ganz neue Forderungen aufstellen wird. Das zeigte der Verlauf jedes Klassenkampfes. In solch einer Situation wird dann die reformistische Führung zurückweichen, den Kampf blockieren und damit dem Proletariat in den Rücken fallen. Die Aufgabe der revolutionären Partei besteht darin, diese Situation schonungslos zu klären und den Kampf politisch und organisatorisch weiter voranzutreiben. Ihre Methode darf nicht darin bestehen, die SPD-Führung vor Beginn des Kampfes in moralischen Begriffen wüst zu beschimpfen. Die Partei muß allerdings von Anfang an klar machen, daß sie ein revolutionäres Ziel verfolgt und die gemeinsame Aktion als einen Schritt dorthin versteht. Daß sie glaubt, daß die SPD-Führung auf halbem Weg stehen bleiben und den Kampf blockieren wird, wenn er die Grenzen des Systems zu sprengen droht. Voraussetzung für eine solche Politik ist die volle organisatorische Selbständigkeit der Partei: ihr Recht auf eigene Propaganda, auf eigene Fraktionen in allen gemeinsamen Komitees, die an die Weisungen der Partei gebunden bleiben. Und: Alle Verhandlungen mit der reformistischen Führung müssen öffentlich vor dem Proletariat geführt werden.

4. "Einheitsfrontpolitik von unten"

Zu der oben dargelegten Form einer richtigen Einheitsfrontpolitik mit der SPD ist es nicht gekommen. Das konnte es auch nicht. In diesem Zusammenhang sollen nun die Auswirkungen des Sozialfaschismustheorems auf die Praxis veranschaulicht werden.

Daß die Theorie vom schon existierenden Faschismus Unsinn war, ist bereits angedeutet worden. Daß die sozialdemokratische Führung sozialfaschistisch sei (linker Flügel des Faschismus), war genauso unsinnig. Gewiß: die SPD-Führung blockierte den Kampf der Arbeiter gegen die faschistische Bewegung und gegen die Bourgeoisie. Aber sie selber konnte kein Flügel des Faschismus sein, weil dieser ihre Vernichtung bedeutete. In ihrer ganzen Politik des kleineren Übels war es der SPD-Führung durchaus bewußt, daß ihr die Vernichtung drohte. Sie wußte sehr wohl, was der Faschismus in Italien gebracht hatte. Ihre Angst vor der proletarischen Revolution hinderte sie am aktiven Kampf gegen den Faschismus. Doch im Verlauf der Entwicklung verschärften sich die Widersprüche auch im SPD-Apparat. Denn in Deutschland zeigte sich im Verlauf der Krise, daß nicht die proletarische Revolution, sondern die faschistische Konterrevolution auf der Tagesordnung stand. Große Teile des sozialdemokratischen Apparats, besonders auf der Ortsebene und in den Betrieben waren jetzt bereit, gegen die faschistische Bewegung zu kämpfen. Das war eine zusätzlich hervorragende Bedingung für eine Einheitsfrontpolitik. Die Theorie des Sozialfaschismus mußte jedoch einer richtigen Einheitsfrontpolitik frontal ins Gesicht schlagen. Sie führte zur "Einheitsfrontpolitik von unten":

"Schaut her, sozialdemokratische Arbeiter, Ihr seid natürlich okay. Aber Eure Führer sind Sozialfaschisten, die schlimmsten Feinde der Arbeiterklasse. Deshalb müssen wir auch sie zuerst und am meisten bekämpfen. Das können wir natürlich nur mit Euch zusammen. (Und wenn Ihr nicht gleich mitmacht, dann suchen wir uns sogar noch andere Genossen - Volksgenossen.) Wir stellen gute Forderungen gegen die sozialdemokratische Regierung in Preußen auf. Gute Forderungen im Interesse aller Arbeiter. Und wenn die Regierung diese Forderungen nicht erfüllt, dann werden wir versuchen, sie zu stürzen. Da Ihr aber im Augenblick das ganze noch nicht durchschaut habt, müssen wir sie eben zusammen mit den Faschisten stürzen. Mit ihnen machen wir einen "roten Volksentscheid (7) gegen die Preußen-Regierung. Selbstverständlich benutzen wir die Faschisten nur als Mittel zum Zweck".

Was wird sich der sozialdemokratische Arbeiter bei dieser großartigen Politik gedacht haben?

"Du kommunistischer Genosse sagst mir, ich sei eigentlich ein revolutionärer Genosse. Aber die Leute, die ich ins Parlament gewählt habe, in meine Ortsverwaltung, in den Betriebsrat, das seien Faschisten. Ich bin also eigentlich ein revolutionärer Arbeiter, aber ich bin doch gleichzeitig so blöde, daß ich Faschisten wähle, damit sie für mich etwas tun. Und etwas anderes kann ich mir auch nicht erklären. Ich bin wirklich ratlos und habe Wut darauf, daß meine Partei nichts gegen die Regierung, gegen die Faschisten und gegen die Unternehmer macht, die mir den Gürtel immer enger schnallen. Aber ich sehe z.B., daß der SPD-Betriebsrat aktiv dagegen kämpft, daß die Faschisten im Betrieb Einfluß gewinnen. Dabei unterstütze ich ihn. Ich weiß auch, daß unsere Partei eine bewaffnete Truppe, das Reichsbanner, aufgebaut hat, nicht gegen die Kommunisten, sondern gegen die Faschisten. Sie unternehmen vielleicht nicht allzuviel, aber es gibt sie. Wenn Du, kommunistischer Genosse, mir sagst, meine Führer seien Faschisten, dann kann ich Dir kein Vertrauen schenken. Dann kann ich auch nicht mit Dir zusammen kämpfen. Anscheinend hältst Du mich für blöde, anscheinend willst Du leugnen, daß auch meine Führer, wie schlecht auch immer, etwas gegen die Faschisten tun. Und wenn ich an Euren 'roten Volksentscheid' denke: pfui Deibel! Ihr geht sogar zusammen mit den Faschisten auf die Straße. Wo habt Ihr denn die Faschisten wirksam bekämpft? Wo habt Ihr denn die Notverordnungsregierung gestürzt? Wo habt Ihr denn den Lohnabbau verhindert? Genosse, ich bin ratlos und wütend darüber, wie schlecht meine Partei meine Interessen vertritt. Aber wenn Du mir so kommst, dann muß ich meine Partei verteidigen. (Und dabei vergesse ich ein bißchen, wie beschissen sie ist.) Und meine Partei verteidigen heißt, daß ich nicht nur gegen die Faschisten kämpfen muß, sondern auch gegen Dich und Deine Partei, daß ich nicht mit Dir zusammen kämpfen kann. Und das in einem Augenblick, wo die Unternehmer und ihre Regierung auf uns alle einschlagen".

Das war die "Einheitsfrontpolitik von unten". Sie verhinderte ein Kampfbündnis zwischen Sozialdemokraten und Kommunisten, in dessen Verlauf die Arbeitermassen eine revolutionäre Perspektive hätten gewinnen können.

5. Gesamtstrategie und Gewerkschaftspolitik

Was hatte das oben Gesagte mit der Gewerkschaftspolitik der KPD zu tun? Darauf läßt sich zweierlei antworten:

1. Die strategischen Elemente der Politik gegenüber der SPD waren nicht losgelöst von der Gewerkschaftsstrategie. In der RGO-Politik kehrt - auf die gewerkschaftliche Ebene hin differenziert - jenes verhängnisvolle Prinzip des "revolutionären Ultimatismus" wieder, das sich in der "Einheitsfrontpolitik von unten" dokumentierte.

2. Unter Krisenbedingungen und bestimmten Kräfteverhältnissen der Klassen kann das Proletariat viel eher bereit sein, gerade infolge erschwerter Bedingungen zur Durchsetzung materieller Forderungen, den politischen Kampf direkt gegen das System zu beginnen. Es wäre ein lächerlicher Schematismus, vorauszuprogrammieren, daß unter beliebigen Bedingungen der gewerkschaftliche Kampf die besten Politisierungsbedingungen bietet. Das mögen Intellektuelle vorprogrammieren, aber das Proletariat braucht kein Bedürfnis zu verspüren, diesen Kode zu entziffern. Der Beginn der politischen Offensive bedeutet nach allen historischen Erfahrungen zumeist auch, daß der ökonomische Kampf wieder aufgenommen wird.

Was damit nur gesagt werden soll ist, daß eine Strategie gegenüber den Gewerkschaften selbstverständlich niemals das A und O revolutionärer Politik allein ausmacht. Der Stellenwert gewerkschaftlicher Strategien im Rahmen einer revolutionären Gesamtstrategie wechselt in verschiedenen historischen Situationen. Das hatte die KPD unter anderem auch nicht begriffen.

Anmerkungen:

(1) Leo Trotzki: "Was nun? - Schicksalsfragen des deutschen Proletariats", Januar 1932; in "Wie wird der Nationalsozialismus geschlagen?", Frankfurt/M. 1971; S. 86.

(2) ebda; S. 84.

(3) ebda; S. 81: "Dem Gesagten widerspricht in keiner Weise die Tatsache, daß sich zwischen demokratischem und faschistischem Regime während einer gewissen Periode ein Übergangsregime herausbildet, das Züge des einen und des anderen in sich vereinigt..." (ebda; S. 81/82)

(4) ebda; S. 85.

(5) ebda; S. 83/84.

(6) ebda; S. 80/81.

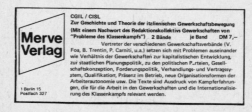

Merve Verlag

1 Berlin 15
Postfach 327

CGIL / CISL
Zur Geschichte und Theorie der itelienischen Gewerkschaftsbewegung
(Mit einem Nachwort des Redaktionskollektivs Gewerkschaften von
"Probleme des Klassenkampfs")   2 Bände   je Band   DM 7,–
Vertreter der verschiedenen Gewerkschaftsverbände (V. Foa, B. Trentin, P. Carniti, u.a.) setzen sich mit Problemen auseinander wie Verhältnis der Gewerkschaften zur kapitalistischen Entwicklung, zur staatlichen Planungspolitik, zu den politischen P..rteien, Gesellschaftskonzeption, Forderungspolitik, Verhandlungs- und Vertragssystem, Qualifikation, Präsenz im Betrieb, neue Organisationsformen der Arbeiterautonomie usw. Die Texte sind Ausdruck von Kampferfahrungen, die für die Arbeit in den Gewerkschaften und die Internationalisierung des Klassenkampfs relevant werden.